Алина Чернышева

Влюбить сотрудника в работу? Легко!

Алина Чернышева

Влюбить сотрудника в работу? Легко!

Семерка адаптационного успеха новичка

Drugoe Reshenie

Imprint

Cover image: www.ingimage.com

Publisher:
Drugoe Reshenie
is a trademark of
International Book Market Service Ltd., member of OmniScriptum Publishing Group
17 Meldrum Street, Beau Bassin 71504, Mauritius

Printed at: see last page
ISBN: 978-613-8-38354-3

Содержание:

Глава 1. Отбираем лучших: Интервью по компетенциям, как инструмент диагностики кандидата

Подбор торгового и административного персонала в розничные магазины достаточно ответственный и долгоиграющий процесс. Особую важность в этой связи приобретает опыт и наработки сотрудника, который будет набирать и отбирать персонал.

Продуктивность розничной компании, прежде всего, определяется функциональной деятельностью компетентных реализаторов, стоящих на передовой. Профессиональная и грамотно обученная команда – это основа достижения успешности на рынке. Тем более, это касается торговых компаний, где люди на «переднем фланге» определяют имидж и миссию, которые компания несет в общество.

Некоторые управленцы не уделяют данной работе с персоналом должного внимания. Таким образом, на работу принимаются люди, по принципу: «Откликнулся - взяли». Однако, при таком подходе практически невозможно создать по-настоящему сплоченную и профессиональную команду, работающую на внешних и внутренних заказчиков.

Говоря об управлении розничной сетью и продажами, следует иметь в виду значение найма торгового персонала. Эффективная работа отдела продаж начинается с необходимости подбора компетентного сотрудника, отвечающего определенным квалификационным требованиям. Причем, необходимо помнить, что у каждой компании свои индивидуальные запросы и требования. Кто-то ждет идеального сервиса в обслуживании клиентов, кто-то – наоборот, более ценит динамику в наработке клиентской базы, посредством активных и агрессивных продаж. Соответственно, этому происходит формирование системы компетенций для той или иной должности.

Начать следует с того, что набор и отбор подходящих кандидатур на должность – это разные вещи, их нельзя соотносить. Отбор является более конкретной и щепетильной процедурой, позволяющей детально проработать личность того или иного кандидата на должность. Его основой являются диагностирующие мероприятия с соискателями.

Сначала давайте рассмотрим основные правила при приеме на работу сотрудника.

Основные правила, которых следует придерживаться:

Постоянно помните, на какую должность подбираете сотрудника – составьте:
Квалификационную карту
Карту компетенций

Примеры квалификационной карты (кратко):
Продавец:
Образование: Высшее, средне-специальное (техническое)
Опыт работы: 1 год (желательно по профилю)
Знание системы принятия заказа и обслуживания клиентов
Навыки подготовки заказа на продажу компьютерной техникиОтличное знание компьютерной техники и комплектующих
Навыки работы с 1С Бухгалтерия
Опыт работы с документами
Ведение отчетов о продажах
Формирование прайс-листов
Создание клиентской базы
Стрессоустойчивость
Коммуникабельность
Директор по продажам:
Образование: Высшее (техническое/ экономическое/ MBA)
Опыт работы: от 3-х лет на руководящей позиции
Навыки стратегического планирования
Навыки создания планов развития филиала
Навыки разработки мероприятий по стимулированию продаж на местах
Навыки анализа и прогнозирования продаж
Знание техники продаж , B2B, B2C
Навыки планирования объемов продаж
Знания основных систем и техник мониторинга конкурентов
Навыки подготовки отчетов
Навыки работы с 1С Бухгалтерией, базами данных

Пример карты компетенций (кратко):
Директор по продажам:
1. Склонность к системному мышлению
2. Практический интеллект
3. Адаптационная мобильность

4. Эмоциональное и деловое лидерство
5. Профессиональная уверенность
6. Управленческие навыки: организация, делегирование, контроль

Вопросники, диагностические методики, собственные навыки «чтения» психологии того или иного соискателя – это тот набор требований к сотруднику, который будет осуществлять набор.

Процесс поиска и подбора персонала должен быть максимально открытым и строгим, и проводиться в соответствии со следующей схемой:

Схема поиска и подбора персонала

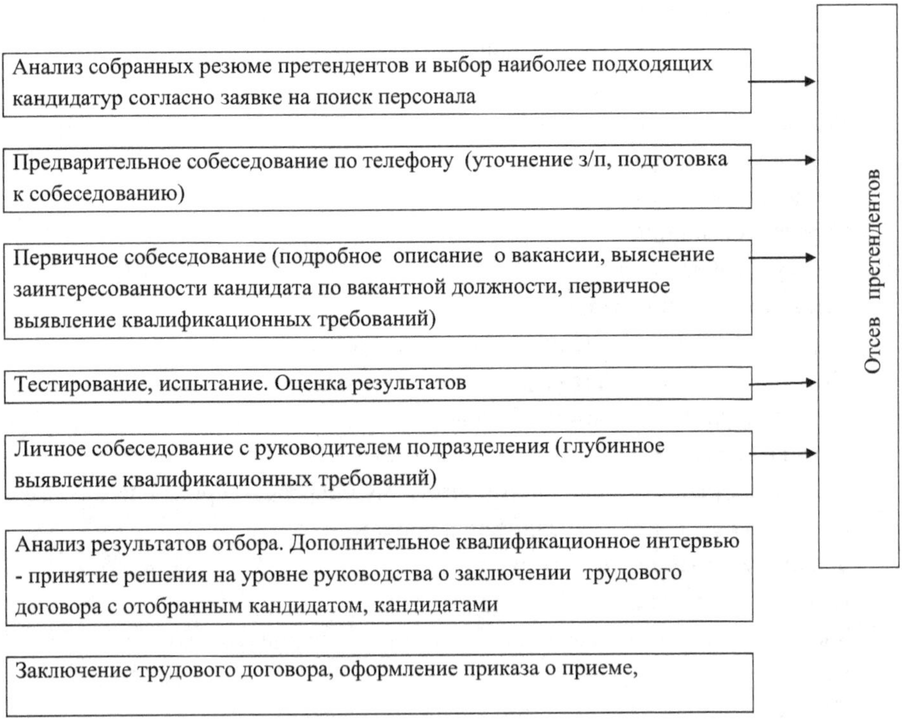

Теперь рассмотрим структуру проведения собеседований с соискателями. За основу возьмем 3 оценочных интервью.

Первое собеседование:

Это универсальное собеседование, как для продавца, так и для директора по продажам на первом этапе, из которого работодатель узнает основные социальные данные о кандидате. Данное интервью типичное, скорее это обзор квалификационных требований к кандидату, также здесь можно задать раскрывающие кандидата вопросы:
- Вы без труда смогли найти наш офис?
- Что вы знаете о нашей компании?
- Как вы узнали об этой вакансии?
На этом этапе собеседования с кандидатом выявляются необходимые работодателю профессиональные и личностные характеристики кандидата. Здесь мы можем оценивать следующие профессиональные навыки:
Мотивация – Контакт - Организация работы - Принятие решений

Навык: Мотивация – имеет ли опыт работы кандидата непосредственное отношение к обязанностям, которыми обладают сотрудники компании работодателя; имеет ли кандидат опыт в обслуживании клиентов. Вопросы, которые мы можем задать кандидату в этой связи следующие:
- Расскажите о вашем опыте работы
- Почему вы хотите получить эту должность?

Навык: Контакт – уверен ли кандидат в себе, в своих способностях, не возражает ли он против здоровой критики. Вопросы, которые мы можем здесь задать кандидату следующие:
- Чем вы больше всего гордитесь за свою карьеру или в образовании?
- Если вы получите эту должность, кем и где вы себя видите через 2 года?

Навык: Организация работы – любит ли кандидат работать в быстром темпе? Способен ли выполнить многое за короткий период времени? Не против ли , что ситуация меняется время от времени? Вопросы здесь могут быть следующими:
- Вы предпочитаете работать в быстром темпе, выполняя разную работу, или вы больше предпочитаете медленный темп, который требует большего внимания к деталям?
- Каким вы видите своего начальника?

Навык: Принятие решений – принятие на себя ответственности за профессиональные действия. Вопросы могут быть следующими:
- Расскажите об одном из навыков работы, который вам тяжело дается?
- Вас когда-нибудь увольняли? За что?

Результаты первого собеседования:

Профессиональные навыки	**Минимально допустимая оценка (определить до собеседования)**	**Оценка**
Опыт работы		
Уверенность		
Активность		
Принятие решений		
Выполняет ли кандидат минимальные требования? Да (переходим к 3 интервью) Нет (Интервью не рекомендуется)		
Комментарии:		

Технология собеседования административного персонала розничного магазина

Второе квалификационное собеседование: Директор по продажам

Это собеседование позволяет оценить следующие лидерские способности кандидата:
- Развитие непосредственных подчиненных
- Управление перспективами и целями
- Мотивация сотрудников
- Оперативность действий при выбранной стратегии

Навык: Развитие непосредственных подчиненных – в состоянии ли кандидат давать сложные задания подчиненным, проводить, по крайней мере, раз в месяц обсуждение дальнейшего развития подчиненного, знает ли он карьерные цели каждого своего сотрудника?

Вопросы:

- Опишите ситуацию, когда все попытки «продвинуть» продавца или другого сотрудника не увенчались успехом?

Наводящие здесь вопросы:

- Как вы справились с ситуацией?

- Какой метод или способ вы использовали, чтобы продвинуть сотрудника?

- Чтобы вы сейчас сделали по другому?

2. Расскажите случай, когда вы наняли на работу сотрудника, который не обладал необходимыми для этого навыками?

Наводящие здесь вопросы:

- На какую должность?
- Почему вы изначально приняли этого человека?
- Какой был результат?

Навык: Управление перспективами и целями – вдохновенно ли кандидат обсуждает очевидные перспективы, цели и возможности не только на сегодняшний день, но и на будущее?

Вопросы:

Опишите ситуацию, когда вам приходилось описывать перспективы на будущее?

Наводящие вопросы здесь:

- В какой ситуации?
- Кто был адресатом?

Почему это описание или сообщение было важным?

Расскажите о ситуации, когда вам приходилось настраивать команду на новшества в компании?

Наводящие вопросы:

- Почему группа не была настроена изначально?
- Какие самые большие препятствия встретились на пути?
- Каким был результат ваших попыток?

Навык: Мотивация сотрудников – умеет ли кандидат создавать климат, в котором сотрудники будут выкладываться на 100%, а он сможет увидеть и развить сильные стороны и таланты каждого сотрудника?

Вопросы:
Расскажите о том, как вам удавалось вдохновлять своих сотрудников?
Наводящие вопросы:

- Какой подход вы использовали?
- Как вы приняли решение о том, какой тип мотивации лучше использовать в данной конкретной ситуации?
- Каким был результат?

2. Опишите ситуацию, при которой вы могли влиять на сотрудников, которые напрямую вам не подчиняются?

Наводящие вопросы:

- В какой ситуации?
- Как вам удалось влиять на них?
- Каким был результат?

Навык: Оперативность действий при выработанной стратегии – умеет ли кандидат точно предвидеть последствия будущих направлений, обладает ли он достаточным объемом знаний, для того, чтобы точно представлять себе картину будущих возможностей.

Вопросы:
Расскажите о том, когда вы разработали бизнес-план или стратегию?
Наводящие вопросы:

- Что это был за план или стратегия?
- Каким образом происходило ее внедрение?
- Какими способами вы ее презентовали для других?
- С какими сложностями вы столкнулись?

2. Опишите ситуацию, когда вам эффективно удалось решить проблему, связанную с профессиональной деятельностью?

Наводящие вопросы:

- В чем состояла проблема?
- Как вам удалось решить ее?
- Какие подходы вы предприняли для решения проблемы?
- Какие возможные последствия для себя вы рассматривали?
- Каким был окончательный результат?

Оцениваем второе собеседование:

По каждому навыку необходимо сравнить поведение, которое демонстрировал кандидат, с примеры поведения, приведенными в таблице, и оценить кандидата по каждому навыку:

<table>
<tr><td colspan="5">Развитие сотрудников</td></tr>
<tr><td colspan="5">Слабые стороны ←→
Сильные стороны</td></tr>
<tr><td>1</td><td>2</td><td>3</td><td>4</td><td>5</td></tr>
<tr><td colspan="2">Недостаточно опыта в развитии подчиненных:
Давал советы по развитию только когда спрашивали
Развитие сотрудников происходило только на семинарах и лекциях
Фокусируется только на слабостях и игнорирует сильные стороны сотрудников
Не вдохновляет сотрудников на серьезное восприятие развития</td><td>Есть некоторый опыт в развитии подчиненных:
Помимо запланированных встреч для оценки работы, регулярно встречался с сотрудниками/ командой для обсуждения елей и развития
Пытался найти возможности помочь другим в развитии
Определял ожидания и ресурсы, чтобы добиться личных и профессиональных целей
Регулярно обсуждал работу и развитие, предлагал план необходимых действий
Мог определить уровень подготовки каждого члена команды</td><td colspan="2">Является экспертом в развитии подчиненных:
Определял и развивал потенциал у слабых сотрудников
Убеждал подчиненных предоставлять планы личного и профессионального развития
Предоставлял членам команды необходимые для работы инструменты
Мотивировал сотрудников к обучению и совершенствованию навыков, необходимых для достижения целей
Часто обсуждал с сотрудниками процесс их профессионального развития
Вдохновлял сотрудников на развивающие самостоятельные знания</td></tr>
</table>

Комментарии:

Управление перспективами и целями				
Слабые стороны → Сильные стороны				
1	2	3	4	5
Недостаточно опыта в управлении перспективами и целями: Не принимал участия в формировании долгосрочных целей и перспектив в работе Четко не формулировал концепцию и стратегию развития подразделения Не смог сопоставить действия с результатами и поделиться с сотрудниками целями и перспективами Недостаточно харизмы и страсти, чтобы вдохновлять и заряжать энергией других Не дает четкого представления о том, как ведется работа в подразделении		Достаточно опыта в управлении перспективами и целями: Принимал участие во всех проектах и инициативах, постоянно общаясь с сотрудниками Осознавал значение каждого решения для компании Всегда сообщал основную задачу сотрудника, проекта, команды Был оптимистичным, говорил о возможных вариантах		Является экспертом в управлении перспективами и целями: Выработал и донес до всех стратегии, одобренную высшим руководством Постоянно демонстрировал способность убеждать других принять новое направление или стратегию Влиял на стратегическое мышление других

Не сопоставляет перспективы компании с ежедневными достижениями команды		
Комментарии:		

Мотивация сотрудников				
Слабые стороны ↔ Сильные стороны				
1	2	3	4	5

Недостаточно опыта в мотивации сотрудников: Не установил четких ожиданий для своих сотрудников Не делегировал обязанности непосредственным подчиненным Помогал и поддерживал только «любимчиков» Придерживался принципа: «Один стиль работы подходит всем» Не поощрял успехи и достижения команды	Достаточно опыта в мотивации сотрудников: Сотрудничал с командой, чтобы достичь необходимых результатов При принятии решений учитывал мнение команды Ежеквартально требовал от сотрудников, коллег и членов команды конструктивную обратную связь Определял сильные и слабые стороны каждого члена команды и предлагал им должности, в которых они могли преуспеть	Является экспертом в мотивации подчиненных: Брал на себя ответственность за слабые результаты команды и улучшал их работу с помощью наставничества и тренингов Создал атмосферу, хотят и в состоянии выложиться на 100% Умело определял и применял индивидуальные способы мотивации Реорганизовывал команду, учитывая интересы и навыки каждого члена

	Мог оценить результат работы сотрудников по достижению целей Четко формулировал желаемые конечный результат и позволял подчиненным обладать планом по его достижению	команды, что приносило отличные результаты Мотивировал команду на проекты, с точки зрения их интересов и талантов каждого
Комментарии:		

Оперативность действий при выработанной стратегии				
Слабые стороны ⟶ Сильные стороны				
1	2	3	4	5
Недостаточно опыта: Предыдущий проект не увенчался успехом из-за непредсказуемых или очевидных преимуществ конкурентов Был удивлен, узнав о предсказуемом препятствии, которое и разрушило проект Не адаптировал стратегию работы к изменениям на рынке Не обладал способностью		Достаточно опыта: Всегда сообщал о возможных препятствиях на пути и соблюдал временные рамки Следил за изменениями в бизнесе, участвуя в корпоративно-финансируемых встречах Созывал команду, чтобы подготовить ее к будущим изменениям и оценивал результат		Является экспертом Создал инновационный способ ведения бизнеса Оценивал множество аспектов и управлял пересекающимися функциями Предсказывал новые технологии, которые помогли бы компании осознать преимущества конкурентов и избежать потерь Стратегически помогал отделу получить максимум от

объединять различные элементы в единую стратегию Реагировал на сиюминутные проблемы, не обращая внимания на будущие события Мало знал о ведении бизнеса и событиях в мире	Четко формулировал команде перспективы и цели на будущее Создавал и контролировал создание успешного стратегического плана	возможностей новых технологий Помогал другим в создании конкурентоспособной и победоносной стратегии Точно определял важные в будущем направления и последствия
Комментарии:		

Совокупные результаты второго квалификационного собеседования:

Навыки работы в отделе	**Минимально допустимая оценка (определить до собеседования)**	**Оценка**
Развитие сотрудников		
Управление перспективами и целями		
Оперативность действий при выработанной стратегии		
Выполняет ли кандидат минимальные требования? Да (переходим к 3 интервью) Нет (Интервью не рекомендуется)		
Комментарии:		

Третье (дополнительное) квалификационное собеседование: Директор по продажам

Если кандидат прошел первое и второе интервью – переходим к третьему. Здесь мы будем оценивать следующие навыки:
Умение принимать решения
Поиск и подбор персонала
Перспективы на будущее
Планирование

Навык: Умение принимать решения – кандидат в состоянии принять оптимальное разумное решение, основываясь на различных аналитиках.
Вопросы:
Расскажите о случае, когда результат принятого вами решения отличался от того, что вы ожидали?
Наводящие вопросы:

- Чем вы руководствовались, прежде чем принять решение?
- Какой результат вы ожидали получить?
- Какой результат вы получили?

2. Расскажите о случае, когда вы приняли решение, но не были до конца уверены, правильное оно или нет?

Наводящие вопросы:

- Какая была ситуация?
- В чем вы были неуверенны?
- Что вас сподвигло все-таки принять это решение?
- Каким был окончательный результат?

Навык: Работа с персоналом: набор и отбор персоналом – кандидат должен обладать чутьем на талантливых сотрудников, должен набирать профессиональных талантливых сотрудников, не бояться выбирать сильных личностей.
Вопросы:
Расскажите о лучшем сотруднике, которого вы наняли?
Наводящие вопросы:

- Что вы увидели в человеке?
- Чем вы руководствовались?
- Что вы могли бы учесть, но не учли?
- Где сейчас этот человек?

2. Расскажите, как вы принимали решение о найме своих сотрудников?

Наводящие вопросы:

- Какими факторами вы руководствовались при принятии решения?
- Чем вы привлекали и как удерживали талантливых сотрудников?
- Что было самым тяжелым в наборе команды?

Навык: Перспективы на будущее – кандидат должен иметь широкий взгляд на проблему или вопрос, должен мыслить глобально, видеть несколько перспектив и выходов решения задачи.

Вопросы:

Расскажите о том, как вы составили программу или политику действий на основе другой бизнес-модели?

Наводящие вопросы:

- Какая сложилась ситуация?
- Как вы определили, что модель подходит к вашей ситуации?
- В чем состояла ваша задача?
- Каким был результат?

2. Расскажите о случае, когда проект не имел успеха, потому что не учли всех возможностей?

Наводящие вопросы:

- Какая сложилась ситуация?
- Чем вы руководствовались?

Чем вы не руководствовались?

- Приняв решение, как вы получали дополнительную информацию?

Навык: Планирование – может ли кандидат с точностью оценить длительность и сложность проекта, ставит ли он ориентиры и ели для команды?

Вопросы:

Расскажите о самом масштабном проекте, за который вы отвечали?

Наводящие вопросы:

- Что это был за проект?
- Какие шаги вы предприняли, чтобы осуществить этот проект?

- Удалось ли вам соблюсти сроки?
- Каким был результат?

2. Опишите ситуацию, когда планирование значительно затруднило вашу работу?

Наводящие вопросы:

- Какая сложилась ситуация?
- Как это повлияло на вашу ситуацию?
- Какие меры вы предприняли?
- Каким был результат?

Оцениваем третье квалификационное собеседование:

По каждому навыку необходимо сравнить поведение, которое демонстрировал кандидат, с примеры поведения, приведенными в таблице, и оценить кандидата по каждому навыку:

<table>
<tr><td colspan="5">Умение принимать решения</td></tr>
<tr><td colspan="5">Слабые стороны ←→
Сильные стороны</td></tr>
<tr><td>1</td><td>2</td><td>3</td><td>4</td><td>5</td></tr>
<tr><td colspan="2">Недостаточно опыта в принятии решений:
Принимал решения, не учитывая всех вариантов
Принимая решение, не задавал правильных вопросов
Не использовал ни методы или модели принятия решения, ни определенные способы мышления
Принимал решения, которые не выдерживали испытаний</td><td>Достаточно опыта в принятии решений:
Одобрил изменения в политике или процедуре, что помогло достичь целей
Принимал решения, которые редко когда отклонялись
Принимал твердые решения, которые со временем помогали достичь желанных результатов
Озвучивал, чем он руководствовался при принятии решения</td><td colspan="2">Является экспертом в принятии решений:
Умеет принимать решения, которые приводят к положительным результатам
Помогал другим принимать решения, используя различные анализы, мудрость, опыт и проницательность
Позиционировал себя в качестве внутреннего источника знаний для развития проекта и улучшения работы</td></tr>
</table>

Не вовремя принимал решения (не укладывался в установленные сроки)	Всегда предлагал клиентам решения, которые оправдывали их ожидания	Сотрудники часто обращались за советом или с просьбой, помочь решить проблему
Комментарии:		

Работа с персоналом: набор и отбор				
Слабые стороны ⟶ Сильные стороны				
1	2	3	4	5
Недостаточно опыта: Не хватает терпения для того, чтобы найти и отобрать квалифицированных кандидатов Не обозначал конкретных навыков, необходимых кандидату Высокие показатели текучести среди новых сотрудников Высокие показатели текучести, и как показало собеседование, кандидат не подходил на данную должность Высокий процент текучести кадров по сравнению со скромными		Достаточно опыта: Помогал развитию сотрудников, которых повысили Нанимал сотрудников с разными навыками и уровнями подготовки На основе установленных критерий, мог определить талантливых людей Нанимал разнотипных успешных сотрудников Использовал необходимые оценки/инструменты для того, чтобы собрать как можно больше информации о кандидате (анкеты, собеседования)		Является экспертом Нанимал талантливых сотрудников, которые постоянно переходили на новые уровни ответственности в организации Смог сформировать команду, которая показывала хорошие результаты Сократил уровень текучести в отделе Не боялся принимать на работу нетрадиционного кандидата, поскольку он/она лучше всех подходили на эту роль Привлекал в организацию талантливых,

результатами работы решения		профессиональных сотрудников
Комментарии:		

Планирование				
Слабые стороны ⟷ Сильные стороны				
1	2	3	4	5

Недостаточно опыта в планировании: Производил впечатление неорганизованного, недальновидного человека Не достигал целей из-за неспособности установить реалистичные временные рамки Не разбивал работу на этапы Зачастую брался за дело в последнюю минуту	Достаточно опыта в планировании: Точно оценивал сложность заданий и проектов время на их выполнение Поддерживал отделы, достигал поставленные цели Разбивал работу на несколько этапов Точно оценивал ресурсы (людей, время), необходимых для завершения проекта или задания Оценивал работу на основе поставленных целей	Является экспертом в планировании: Достигал целей заблаговременно с минимальными затратами Помогал остальным разбить работу на этапы Использовал схемы и цели для того, чтобы двигаться вперед и оценивать личный и командный успех Предугадывал препятствия на пути к завершению проекта и вырабатывал запасной план
Комментарии:		

Совокупные результаты третьего квалификационного собеседования:

Навыки работы в отделе	**Минимально допустимая оценка (определить до собеседования)**	**Оценка**
Умение принимать решения		
Работа с персоналом: набор и отбор		
Перспективы на будущее		
Планирование		
Выполняет ли кандидат минимальные требования? Да (переходим к 3 интервью) Нет (Интервью не рекомендуется)		
Комментарии:		

Технология собеседования торгового персонала розничного магазина

Принимать человека на должность продавца гораздо сложнее, так как зачастую у кандидата нет даже формального опыта продаж. Жизненный опыт, конечно, играет немалую роль и может косвенно помочь в работе, тем не менее, конкретные компетенции очень важны.

Необходимо обратить особое внимание на следующие шаги при собеседовании кандидата на должность продавца:
Провести электронный проверочный тест на знание основ техники продаж. Минимально допустимый проходной балл здесь для продавцов – 50%. Таким образом, кандидат не набравший 50% - не может быть принят на работу (Приложение 1).
Процесс приема на должность продавца состоит из трех шагов с привлечением Службы безопасности, которая проверяет биографические данные, Директора по персоналу, который проводит первое ознакомительное

интервью с кандидатом, и Директором магазина, который проводит второе заключительное собеседование.

Второе квалификационное собеседование продавца
Это собеседование позволяет оценить следующие качества кандидата:
Обслуживание покупателей
Общение и сотрудничество
Ответственность и независимость
Амбиции и отношение к работе

Навык: Обслуживание покупателей – кандидат имеет представление о том, как сделать покупателя довольным, знаком с основной технологией розничной продажи, имеет хорошие коммуникативные навыки.
Вопросы:
Расскажите о своем самом лучшем обслуживании покупателей?
Наводящие вопросы:

- Какие ваши качества помогли вам обслужить клиента на высшем уровне?
- Просил ли затем этот покупатель позвать именно вас?

2. Если вы получите эту должность, что вы сделаете, чтобы помочь нашей компании быть впереди конкурентов?

Наводящие вопросы:

- Как вы поможете покупателям?
- Какие свои знания вы привлечете, чтобы быть в работе лидером?

Навык: Общение и сотрудничество – умеет ли продавец доброжелательно вести себя с покупателями, брать на себя профессиональную ответственность, понимает ли важность его вклада в командную работу?
Вопросы:
Расскажите о времени, когда вы были частью команды?
Наводящие вопросы:

- Какова была ваша роль в команде?
- Какой вы сделали вклад в команду?
- Какую благодарность вы получили за этот вклад?

2. Расскажите о самом неприятном коллеге, с которым вам когда-либо приходилось работать?

Наводящие вопросы:

- Почему с ним было трудно ладить?
- Как вы с этим справились?
- Каким был результат?

Навык: Ответственность и независимость – выполняет ли продавец то, что обещает и что входит в его непосредственные должностные обязанности?
Вопросы:
Опишите ситуацию, когда ваш начальник поручил вам выполнить сложное задание?
Наводящие вопросы:
- Почему выбрали именно вас для выполнения данного задания?
- Что для вас было особенно сложного в данном задании?
- Удалось ли вам выполнить задание?

Навык: амбиции и отношение к работе – проявляет ли продавец желание достигать высоких результатов в работе, демонстрирует ли он соревновательный дух, есть ли у него желание расти как личность и профессионал?
Вопросы:
Расскажите о том, как вы поставили себе цель?
Наводящие вопросы:
- Почему вы поставили себе эту цель?
- Как вы планировали ее достичь?
- Каким был результат?

2. Опишите ситуацию, когда вам удалось переманить кого-то на свою сторону?
Наводящие вопросы:
- Почему вы пытались переманить человека?
- Почему для вас это было важно?
- Каким был результат?

Результаты второго квалификационного собеседования:

Навыки работы в отделе	**Минимально допустимая оценка (определить до собеседования)**	**Оценка**

Обслуживание покупателей		
Общение и сотрудничество		
Ответственность и независимость		
Амбиции и отношение к работе		
Выполняет ли кандидат минимальные требования? Да (оформляем на работу) Нет (прощаемся)		
Комментарии:		

Приложение:

Тест на определение профессиональных знаний

Ответьте, пожалуйста, как бы Вы поступили в следующих ситуациях:

1. В течение, какого времени продавец должен подойти к покупателю, если покупателя заинтересовал какой-либо товар?

А. 10 секунд

Б. 1 минута

В. Нет необходимости подходить, покупатель просто зашел посмотреть

Если покупатель зашел в магазин. Ваши действия?

А. Поздороваюсь

Б. Буду заниматься своим прежним делом

В. Попрошу другого менеджера подойти к покупателю

Продемонстрировать положительное отношение к покупателю можно при помощи:

А. Слов и тона голоса

Б. Позы и контакта глазами

В. Улыбки, внешности и скорости речи

Г. Все перечисленное

Какие навыки должен применять продавец на первом подходе?

А. Установление контакта с покупателем, выявление потребностей

Б. Выявление потребностей, презентация товара, расширение продажи

В. Презентация товара, расширение продажи

Какие вопросы позволяют эффективно выявить потребности покупателя?

А. Открытые

Б. Закрытые

Сколько вопросов необходимо задать покупателю, для выявления потребностей?

А. Пять

Б. Два

В. Количество вопросов не ограничено

Какие вопросы на определение потребностей можно задавать?

А. О будущем хозяине покупки

Б. О предпочитаемой покупателем фирме

В. О вкусах и пожеланиях клиента

Г. Все перечисленные варианты

В каких случаях при презентации можно использовать жаргонные слова?

А. Запрещено во всех случаях

Б. Если покупатель сам использует жаргонные слова

В. Если покупатель не понимает терминологии

Если клиент плохо ориентируется в технических особенностях товара, продавец при презентации товара:

А. Использует техническую документацию

Б. Использует техническую терминологию.

В. Использует «язык» выгод.

Как предложить клиенту аксессуары?

А. Задать вопрос о необходимости аксессуара.

Б. Рассказать клиенту о необходимости аксессуара при эксплуатации товара, опираясь на потребности клиента.

В. Не задавая клиенту вопросов и, ничего не рассказывая, сразу выписать аксессуары вместе с товаром.

При работе с возражениями покупателей необходимо:

А. Принять возражение и вежливо ответить

Б. Проигнорировать возражение

В. Указать на некомпетентность покупателя.

Стимулировать покупку можно при помощи следующего:

А. Сервиса.

Б. Аксессуаров.

В. Выбора.

Г. Всего перечисленного.

Глава 2: Первичная адаптация: Планирование и реализация

Эффективность любой деятельности определяется прежде всего наличием и участием в ней компетентных исполнителей, поэтому профессиональная команда — первый шаг к успеху в бизнесе. В большей мере это относится к торговым компаниям, где продавцы фактически определяют их имидж и миссию и могут повлиять на общую стратегию.

К сожалению, многие компании пренебрегают работой по обучению персонала, чем наносят ущерб своей работе. Часто отдел кадров принимает новых сотрудников, не проводя с ними предварительный инструктаж, поэтому людям приходится самостоятельно адаптироваться к новым условиям и правилам. В подобной ситуации достаточно сложно создать по-настоящему сплоченную и профессиональную команду, нацеленную на благо клиентов и компании.

Грамотная работа отдела активных продаж зависит не только от подбора сотрудников, но и от проведения профессиональной, социальной и психологической адаптации. Адаптация зависит от специфических целей, которые компания ставит перед своими сотрудниками: идеальное обслуживание клиентов, постоянное увеличение клиентской базы и т.д. Исходя из заявленных компанией целей происходит формирование схемы адаптационных мероприятий для персонала.

Результат работы сотрудников можно получить двумя способами: либо набирая профессионалов своего дела (которым в работе важна лишь материальная мотивация), либо сотрудников, которых необходимо обучить, а затем организовать для них систему наставничества для закрепления полученных знаний.

Далее будут рассмотрены основы организации адаптационных мероприятий для новых сотрудников отдела продаж.

Адаптация — это комплекс мер, позволяющих ускорить процесс введения нового сотрудника в компанию и в минимальные сроки получить высокий уровень его производственной эффективности. Адаптационные мероприятия разрабатываются с целью ускорения процесса вхождения нового сотрудника в должность и организуются для решения следующих задач:

■ достижение нужной степени эффективности работы в минимальные сроки;

■ уменьшение количества возможных ошибок, связанных с усвоением функциональных обязанностей;

■ сокращение уровня текучести кадров.

В качестве возможных результатов внедрения адаптационных программ выделяются следующие параметры:

■ снижение уровня беспокойства и тревожности новых сотрудников;

■ повышение удовлетворенности от работы и развитие позитивного отношения к компании;

■ получение обратной связи от наставника и линейного руководителя по итогам прохождения испытательного срока.

Адаптационный курс для новых сотрудников состоит из организационного и профессионального этапов.

Организационный этап включает в себя: общее знакомство с компанией и ее нормативной документацией, предоставление информационных документов, необходимых в работе (например, списка сотрудников с их контактными телефонами, адресов магазинов и т.д.),оказание консультативной помощи и назначение наставника на время испытательного срока.

В профессиональный этап входят ознакомление с должностными обязанностями, постановка задач на период испытательного срока, профессиональное обучение новых сотрудников, проверка выполнения поставленных задач в завершение испытательного срока. Адаптация в обязательном порядке должна проводиться в соответствии с разработанными программами обучающих курсов для разных должностей (например, для директора филиала, менеджера магазина / старшего продавца, продавца, кассира).

Общий контроллинг процесса адаптации может быть реализован посредством распределения ответственности:

Распределение ответственности для контроля процесса адаптации:

Должность нового сотрудника	**Куратор**
Директор филиала	Директор по обучению
Менеджер магазина	Директор филиала
Продавец / кассир	Менеджер магазина

Ответственный за процесс адаптации новичка сотрудник должен выполнить следующие действия:

- организовать знакомство новичка с персоналом компании;
- проинформировать о программе адаптационного курса;
- сформировать график прохождения адаптационного курса;
- провести встречи с ответственными за проведение вводных инструктажей сотрудниками компании.

Адаптационные курсы должны быть направлены на получение и закрепление определенных знаний и навыков в рамках каждой отдельно взятой должности. В приложениях представлены программы адаптационных курсов, дифференцированных по должностям, в рамках розничного магазина торговой компании.

По завершению адаптационного периода, который длится три месяца, совпадая, таким образом, со временем прохождения испытательного срока, непосредственный руководитель заполняет анкету «Оценка профессиональных качеств сотрудника» (табл. 2), которая будет служить основанием для принятия решения о дальнейшей работе сотрудника в компании.

Таблица 2. Анкета для оценки профессиональных качеств сотрудника

№	**Качества, проявляемые продавцом при продаже**	**Всегда**	**Как правило**	**Редко**	**Иногда**	**Никогда**
1	Решительность	1	2	3	4	5
2	Честность	1	2	3	4	5
3	Уверенность в достоинствах своего товара	1	2	3	4	5
4	Вера в свои силы	1	2	3	4	5
5	Любовь к своему делу	1	2	3	4	5
6	Открытость	1	2	3	4	5
7	Сосредоточенность на своей цели	1	2	3	4	5

8	Внешний вид, соответствующий профессионалу	1	2	3	4	5
9	Доброжелательность в общении	1	2	3	4	5
10	Умение слушать	1	2	3	4	5
11	Внимательность	1	2	3	4	5
12	Забота о нуждах клиентов	1	2	3	4	5
13	Готовность к действию	1	2	3	4	5
14	Умение сформулировать потребности клиента	1	2	3	4	5
15	Готовность выслушать сомнения и возражения клиента	1	2	3	4	5
16	Отсутствие обиды	1	2	3	4	5
17	Готовность звонить по телефону незнакомым людям (потенциальным клиентам)	1	2	3	4	5
18	Обязательность в выполнении обещаний	1	2	3	4	5
19	Способность привлекать новых клиентов	1	2	3	4	5
20	Готовность реализовывать новые идеи	1	2	3	4	5
21	Настойчивость (в меру)	1	2	3	4	5

22	Умение осознать свои слабости и работать над ними	1	2	3	4	5
23	Инициативность и предприимчивость	1	2	3	4	5
24	Готовность идти на обдуманный риск	1	2	3	4	5

Примечание:

Результаты анкетирования:

25—50 баллов — отлично;

51—75 баллов — хорошо;

76—100 баллов — удовлетворительно, необходима дальнейшая работа;

101—125 баллов — очень плохо, необходимы усилия в области самосовершенствования.

В каждой торговой компании существуют свои обучающие мероприятия для персонала, посвященные разным темам, среди которых техника продаж, стандарты обслуживания клиентов, тренинги по продаже определенного продукта и т.п. Как правило, эти мероприятия разработаны для всего торгового персонала без разделения его на вновь принятых и более опытных сотрудников. Работа по обучению в компании может происходить более продуктивно, если брать за основу фактический материал и наглядные данные. Для более эффективного обучения целесообразнее разработать разные учебные курсы для новичков и опытных сотрудников. Подобная градация решит не только проблему эффективного обучения в компании, но и задачи адаптационных мероприятий, которые будут сфокусированы на формировании и отработке действительно необходимых навыков и умений.

Глава 3. Руководитель: Программа максимум – контроль и поддержка

Деловой мир настоящего представляет собой разнообразие: людей, идей, встреч, клиентов, партнеров, видов работ. Весь этот поток информации представляет собой скорость и неопределенность в том, как все сложится в конечном итоге. Люди, стоящие во главе организаций, отдельных отделов находятся в постоянном напряжении, от них требуется ответственность, компетентность и профессионализм.

Как справиться со всем этим современным менеджерам? Не сломаться, а идти вперед, задавая направление. Как стать настоящими лидерами мнений, авторитетными для своих подчиненных?

Ответ состоит в следующем, управленец должен осознавать и принимать степень ответственности не только за количественные показатели деятельности подразделения, но и за качество работы и общей атмосферы в своем коллективе. Синтезировав это, управленец добьется слаженной работы всех элементов одного механизма – результативной работы и доходности вверенного подразделения и организации.

Таким образом, работа управленца может включать в себя следующие составляющие:

Понимание самого себя: собственные мотивы в профессиональной деятельности, поведенческие паттерны

Понимание и принятие своих подчиненных: их потребности, мотивы, особенности поведения, психологические защиты

Понимание и налаживание взаимоотношения в команде: адекватно воспринимать ситуации, возникающие в рабочих коммуникациях, проводить анализ сложностей, прогнозировать межличностные ситуации

Реализацию необходимых изменений начинаем с:

- Определения личных и профессиональных целей
- Проведения мониторинга производственных задач отдела и функциональных задач сотрудников
- Градации и формирования этапности в принятии решений

Целью данных мероприятий является продуктивная координация деятельности сотрудников. Таким образом, вы – принимаете решения, размещаете ресурсы и направляете активность других на достижение общих целей отдела:

- осуществляете мотивацию подчиненных

- находите наиболее эффективные каналы коммуникации

Следует отметить важный момент: Управленец должен быть не формальным, а реальным Лидером, с которого подчиненные будут брать пример и которому будут подражать. Как этого добиться?

Сегодняшнее деловое сообщество предъявляет все новые требования к личности, ее взаимодействиям, внутренней и внешней атрибутике. Таким образом, профессиональные навыки и умения - приоритет, но сами по себе они не обеспечат успешной деятельности и уверенной жизни. Для этого необходимы навыки психологической компетентности и социализации в мире успешных людей. Важным становится аспект создания собственной успешности и соответствующего этому имиджа.

В-первую очередь, это важно для управленцев, поскольку очень многое зависит от того, как человек себя ощущает, уверен ли он в своих возможностях и силах, сможет ли он повести за собой других. И в итоге, сумеет ли управленец эффективно преподнести себя и будет ли убедителен, делая то, или иное сообщение.

Ментальные способности — это важно, но, тем не менее, судят по внешнему впечатлению, которое реализуется в течение первого коммуникативного периода.

Всегда важно помнить: «У Вас никогда не будет второго шанса произвести первое впечатление». Таким образом, самооценка, уверенность в себе, в своих действиях и словах, а также внешние проявления успешности, такие как, голос и умение вести диалог играют решающую роль в восприятии личности окружающими.

Хотелось бы сделать небольшой экскурс в понятие самоменеджмента. Основным элементом построения себя является наличие адекватной самооценки. Поскольку главный фактор, влияющий на способность достигать желаемого – это вы сами – таким образом, вы сами должны быть готовы не только действовать и достигать желаемого, но и принимать и наслаждаться победой. В этом и состоит основная задача нашей самооценки. Может показаться, что для этого нам необходимы подходящие внешние обстоятельства и именно они играют решающую роль в достижении наших побед. Вероятнее всего, это действительно имеет место быть. Однако, даже когда обстоятельства благоприятны, вы сможете использовать их лишь в том случае, если будете находиться в правильном и эффективном психологическом состоянии. Итак, что же нам может его дать?

Самое главное это инвестирование в себя. Довольно много людей научились ставить других и их нужды на первое место, а себе уделять лишь оставшееся внимание. С одной стороны это хорошо, но это не работает на вашу личность. Только лишь в том случае, когда мы будем адекватно заботиться о себе, у нас появится достаточно ресурсов заботиться о других. Инвестирование в себя может осуществляться несколькими путями. Давайте рассмотрим, какими они могут быть:

- Похвалы себе;
- Понимание своей уникальности;
- Уважительное отношение к своим потребностям и желаниям;

Старайтесь периодически анализировать и подбадривать себя продолжением следующего предложения: «Я собой горжусь, потому что…….». Ваши ответы самому себе помогут провести анализ собственных действий и существенно и адекватно повысить самооценку, в частности:

- Сильное чувство своего «Я»;
- Чувство симпатии к себе, то есть принятия себя и всего ценного в себе;
- Способность контролировать свои внутренние состояния и аффекты;

Давайте теперь посмотрим, в чем соотносятся и в чем различаются понятия самооценки и уверенности в себе. В чем отличия этих двух понятий и может ли человек, обладающий высокой самооценкой быть неуверенным в себе и в своих возможностях?

Самооценка связана с нашей уверенностью в себе, в большей степени она относится к нашим действиям. Уверенность в себе подразумевает наше доверие самим себе: это подразумевает некую проблему или задачу, при решении которой мы себе доверяем.

Таким образом, уверенность - это некий род компетентности: мы можем быть уверены в своей способности делать нечто, вести себя определенным образом в определенной ситуации, справляться с определенной задачей. Именно этого состояния нам и необходимо добиваться, чтобы в любой ситуации частной или профессиональной чувствовать себя на высоте. Каждый раз, когда вы встаете, чтобы произнести речь на деловом совещании или принять участие в дискуссии вы выступаете перед публикой. О вас судят, вас оценивают. Если ваш внешний вид не соответствует или манера держаться, не уверена - слушатели отключаются. В этом случае вы не в состоянии донести до людей то, что стремились и произойдет это не потому, что сообщение было не информативным, а потому что что-то в вашей манере говорить или в общем невербальном поведении поставило барьер между вами и аудиторией.

В связи с этим необходимо запомнить правило: выбор, который вы делаете, создавая собственную успешность, формирует определенное мнение у окружающих людей о том, что вы сами о себе думаете. Иметь просто соответствующий вид недостаточно, необходимо, что бы ваша уверенность, успешность передалась аудитории. Стратегия успешного человека – это стратегия автономной корпорации, которая сама строит свою стратегию, заключает договоры с другими корпорациями, активно планирует и осуществляет свое движение по жизни.

Таким образом, успешные и счастливые люди – люди самореализующиеся – четко понимающие свои цели – готовые активно воплощать свое понимание в жизнь.

Что для этого необходимо? Необходима четко построенная стратегия самоменеджмента, своеобразный личностный мониторинг. Для примера можно предложить следующий вариант:

- Предварительный анализ ситуации: **Определите для себя, где вы находитесь в настоящий момент и что делаете?**
- Первый этап анализа: **Оцените ваш настоящий уровень притязаний, потенциалы на будущее**
- Второй этап анализа: **Оцените «ассортимент» ваших возможностей и перспектив**
- Третий этап анализа: ваши дивиденды: **Оцените, что имеете. Растут ли ваши дивиденды с каждым годом или остаются на одном уровне?**
- Четвертый этап анализа: инвестиции на перспективу: **Каковы ваши реальные действия в движении к тренду «успех»?**

Теперь попробуем разобраться в стратегии построения успешности управленца необходимой аудитории, таким образом, создадим концепцию продвижения тренда успешности отдельно взятого управленца.

Работу разделим на три этапа:

Самоменеджмент управленца: работа над внутренним образом и уверенностью

Внешние проявления управленца: работа по формированию благоприятного имиджа успешности

Работа по позиционированию управленца

1 этап: Самоменеджмент управленца

Включает в себя:

Оформление главной, концептуально отредактированной идеи своего присутствия в организации: **Определение своей роли и миссии - согласование с содержанием и объемом работы, которую необходимо выполнить.**

Определение наиболее выигрышных психологических черт и качеств – в дальнейшем их трансформация в целостных позитивный образ: **Определение ключевых качеств, требующих активизации – концентрация внимания на энергичности, IQ, EQ**

2 этап: Личность управленца

Здесь важно: Сконструированный образ и коммуникативные технологии должны соответствовать социальным ожиданиям сотрудников, партнеров, клиентов.

Для этого образ должен:

Целенаправленно формироваться под конкретную задачу;

Включать ценные для данного профессионального сообщества качества;

Соответствовать доминирующим социальным ожиданиям;

Для чего в образе необходимо:

Присутствие черт победителя – профессиональные достижения;

Присутствие черт отца – принятие на себя ответственности;

Наличие стереотипной многоплановости имиджа – умение подстроить имидж под устойчивые стереотипы целевой группы;

Присутствие открытости (видимой доступности);

Использование эффективных коммуникаций;

Наличие достойного окружения (грамотно выстроенная контекстность);

Психологические технологии создания эффективного образа управленца:

- Формирование имиджа с опорой на «идеальный образ»;
- Сценарный подход – формирование «событийного ряда»;
- Использование феноменов «контраста» и «подобия»;
- Использование вербальных и лингвистических приемов;
- Использование методов мифологизации

3 этап: Позиционирование управленца

Здесь необходимо:

Создание позитивного имиджа управленца в глазах целевых аудиторий, посредством внутрикорпоративного PR, разработка программ по укреплению и защите данного имиджа:

- Паблисити и поддержание положительной репутации
- Организация специальных событий: публичных выступлений, отчетности
- Составление и публикация информационных материалов об управленце: красочная легенда, основанная на фактах о предыдущих успехах и достижениях
- Организация и подготовка к публичным выступлениям и интервью

Сейчас мы подробно рассматриваем первый этап. Это подготовительный этап, то есть, внутренняя работа самого человека – самокоучинг – формирование себя. Это важно, поскольку управленец – флагман компании, он задает направление и поднимает рабочее настроение. Он не может быть просто хорошим экономистом, юристом или даже бизнесменом. Он должен быть – предпринимателем, который создает вокруг себя сообщество творческих и позитивных личностей. Итак, формируем себя.

Первым шагом к формированию имиджа успешности управленца следует считать аспект внутреннего развития – становление профессиональной уверенности.

Сейчас мы поговорим о том, каковы пути к обретению профессиональной уверенности в своих возможностях и способностях. Главный фактор, влияющий на способность достигать желаемого – это вы сами. Конечно, для этого необходимы и подходящие внешние обстоятельства, но даже когда обстоятельства благоприятны, вы сможете использовать их только в том случае, если находитесь в правильном психологическом настрое и состоянии.

Важно инвестировать в себя: «Я в приоритете». Повторяюсь, только в том случае, когда мы будем адекватно относиться к себе, у нас будет достаточно ресурсов, для заботы о других. Следуем принципу второго квадрата третьего навыка высокоэффективных людей Стивена Кови: «Сначала делайте то, что необходимо делать сначала».

Стройте эффективные стратегии развития, основывайтесь на возможностях, а не на данностях. Инвестирование в себя может осуществляться следующими путями:

- Признаем и принимаем все в себе – не оставляем незаконченных гештальтов
- Обращаем внимание на весь свой опыт, ничего не отметаем и не игнорируем
- Анализируем и исправляем неудачи
- Доверяем своей интуиции
- Ясно отдаем себе отчет в том, чего на самом деле хотим
- Адекватно воспринимаем сигналы обратной связи
- Имеем решимость, волю и самоконтроль для достижения целей
- *Используем* ***алгоритм достижения уверенности***

Пошаговый вариант:

- Знать, чего вы хотите - это опора на знание ожидаемого результата, то есть того, что вы, в конечном счете, хотите получить. Все уверенные в себе люди знают чего хотят. Ясная постановка задачи даст вам максимальные шансы на успех в исполнении задуманного.

- Действовать - делать то, что, по-вашему, мнению, приведет к исполнению желания. Это звучит банально и очевидно, но одной из определяющих характеристик уверенных людей является именно то, что они действуют. В то время как другие лежат и мечтают. Необходимо отметить, что действия не всегда срабатывают, так что, элемент риска остается всегда. Но вы никогда не узнаете, что получится, пока не начнете действовать.

- Учиться замечать результаты своих действий - необходимость развития в себе способности внимательно наблюдать и точно фиксировать все, что случается. Это результат вашего поведения, который дает понимание, приближаются ли ваши действия к достижению желаемого конечного результата или нет.

- Быть готовым менять свое поведение, пока не удастся достичь желаемого результата, необходимо быть всегда готовым сделать еще что-то. Если вы не добились успеха с первой попытки, попробуйте действовать иначе. Это требует творческого мышления, для того, что бы генерировать свежие идеи и находить новые подходы, изменяя собственное поведение.

Давайте рассмотрим первый принцип, его следует перефразировать, как постановку необходимых целей (программы достижения)

Цели ставить надо, поскольку:
- они упрощают процесс принятия решений
- они вызывают самоуважение
- они помогают вам осознавать свои достижения и получать от них радость
- они достигаются благодаря настойчивости и упорству

Теперь упражнение:
Ответим на вопросы:

- Что Я хочу сделать в контексте организации?
- Кем Я хочу стать в глазах сотрудников организации?
- Что Я хочу увидеть в результате своей работы в организации?
- Что Я хочу иметь в результате своей работы в организации?
- Куда Я хочу направлять развитие организации?
- Чем бы мне хотелось поделиться с сотрудниками организации?

Далее осуществляем планирование на основе видения перспективы:
Перспектива – это то, к чему стремимся

Структура работ:

Сила потенциалов и перспективы: Отвечаем на вопросы:
- Кем Я хочу быть?
- Что Я хочу делать?
- Что Я хочу увидеть?
- Чем Я хочу обладать?
- К чему Я хочу двигаться?
- Чем Я хочу делиться?

Генеральный план: Определение целей, временных графиков, своих преимуществ и страхов, разработка системы индикаторов эффективности:
- Цели и стратегия: планирование в пределах длительного и среднего сроков
- Организация: человеческие ресурсы и структура
- Выполнение: последовательное, ответственное ежедневное выполнение поставленных планов и задач
- Настойчивость: способность продолжать начатое дело

Формулировка целей: Сохранение ясности целей, разработка и формулирование целевых положений для себя и своей организации. Цели должны быть:
- Конкретными: каждая цель должна представлять собой определенный шаг, а не смутное пожелание
- Измеряемыми: вы не способны следить за тем, что не поддается измерению
- Достижимыми: визуально представляйте конкретный результат своих действий
- Реалистичными: определите, к какому результату вы можете прийти, принимая во внимание имеющиеся ресурсы
- Экологичными: проанализируйте все свои цели, согласуйте их совместную реализацию

План действий: Составление списка действий, определение приоритетов, разработка путей достижения целей:
- Кем я хочу стать в результате?
- Что я хочу и могу для этого сделать?
- Чем я могу овладеть в результате?
- Как я пойму, что достиг настоящего результата?

Решитесь и выполняйте!
- Почему именно так?
- Почему бы не сделать это по-другому?
- Почему бы не я?
- Почему бы не прямо сейчас?

Контроль: Возникающие потребности, поступающие советы, делегируемая ответственность

Далее, осуществляем программу по реализации целей:
- Начинаем с отдаленной перспективы 5 лет – для организации, затем определяем цели на 1 год – для организации, на 6 месяцев – для организации, на 90 дней – личные достижения в контексте организации и 60 дней – личные достижения в контексте организации (первичные действия – построение позитивного имиджа – формирование доверия);
- Перераспределяем цели в порядке приоритетности. Выбираем те, которые хотим реализовать в первую очередь. Устанавливаем сроки их достижения.

Подходим к срокам реалистично – используем критический путь. Цель без срока реализации – это всего лишь пожелание;
- Составляем список необходимых действий, которые следует предпринять, чтобы достичь цели;
- Определяем, какие черты характера, навыки и умения необходимы для реализации целей. Приобретаем их. Например: положительные черты характера, аккуратная внешность, осведомленность, умение напряженно работать;
- Составляем список качеств, которые мешают достижению целей - начинаем преодолевать их немедленно, пока осознание необходимости не притупилось;
- Составляем список состава помощников, необходимых для реализации целей. Определяем техники работы с ними;
- Визуализируем желаемый образ. Начинаем!

Делаем позитивное подкрепление – принимаем решение к действию – действуем – принимаем ответственность – приобретаем заслуженный успех и признание

Далее рассмотрим вариант работы управленца в роли руководителя подразделения. По сути, это разработка стратегии и тактики работы подотчетного отдела. Планирование концепции, идеи, стратегии и дальнейших тактических задач является необходимым условием коммерческого успеха.

Алгоритм:

Постановка целей SMART– проверка целей : долгосрочные – полугодие, год /краткосрочные – помесячно;

Мониторинг:
- Уровня конкуренции на рынке;
- Степени клиентской лояльности услугами конкурентов;

Анализ наличного положения организации на рынке/ исследование маркетинговых инструментов дальнейшего продвижения на рынок;

Далее, продолжаем работу по формированию корпоративной нацеленности на результат подотчетных сотрудников:

1 шаг: Формирование системы эффективных продаж, включающей в себя специфику деятельности организации;

2 шаг: Формирование схемы необходимой отчетности, принятой в организации;

3 шаг: Формирование стратегии и плана по руководству доходами (активы (прямые продажи)/пассивы(потенциал сотрудников)):
- Детальный план и работающий инструментарий достижения целей и задач для сотрудников;
- Формирование целевых установок для сотрудников: перспектива и оценка шагов;
- Ознакомление со схемой всех сотрудников подразделения;
- Делегирование полномочий сотрудникам подразделений;

Данная стратегия работы, в принципе схожа со всеми типами продаж, включая розничные, корпоративные, дилерские. Однако, в каждом конкретном случае модель необходимо корректировать, подстраивать под определенные наличные условия. Задача управленцев в этой ситуации состоит в:
- Мониторинге наличной ситуации, в процессе которого происходит наблюдение и, в дальнейшем выделение основных проблемных моментов в работе торгового персонала;
- Процессе наблюдения – выборе оптимальных тем для обучения;
- Выборе адекватного метода обучения в преподнесении информации;

Далее, необходимо отметить, что вся работа управленца должна подчиняться определенной схеме контроллинга за исполнением делегированных на подчиненных полномочий. Это является необходимым, поскольку в процессе контроля:

Исчезает неопределенность: Никакие тщательно разработанные планы и программы не смогут учесть всего, что необходимо. Контроль необходим для того, чтобы корректировать деятельность своего подразделения и устранять неопределенность;

Появляется возможность предвидения кризисных ситуаций: Ошибки и проблемы, возникающие в работе, переплетаются, если их вовремя не исправить. С помощью контроля можно фиксировать ошибки и исправлять их до того, как они повредят достижению целей организации;

Возникает необходимость фиксировать успех: Контроль выявляет не только ошибки, но и успех. Он помогает определить, какие именно направления деятельности наиболее эффективны и какие схемы работы приносят больший доход.

Алгоритм контроллинга:

Предварительный контроль:

Ведется до начала работы – это инструкции по ведению той или иной работы – ценные указания

Текущий контроль:

Здесь измеряются фактические результаты работы, идет информация, работает обратная связь с сотрудниками, корректируются отклонения

Заключительный контроль:

Фиксируются итоговые результаты, оцениваются движение к цели и отклонения, определяются санкции (вознаграждение или наказание), производится анализ для предотвращения ошибок в будущем, обеспечивается мотивация сотрудников на будущее

Таким образом, управленец должен обладать конкретными профессиональными компетенциями, которые выведут его на уровень авторитета для своих сотрудников, как ролевой модели для подражания.

Глава 4: Наставничество: Система, инструменты, итоги

Сегодня наш стремительно развивающийся рынок диктует свои условия, в связи с этим многие компании, работающие в разных сферах, начали постепенно внедрять новые стандарты обслуживания. И особое внимание в связи с этим уделяется главному нематериальному ресурсу – персоналу компании.

В мире бизнеса известна следующая триада: «Внутренний клиент – внешний клиент – совокупная прибыль. Таким образом, если мы хотим говорить о динамике и потенциальном росте активов компании на рынке, особое внимание следует уделить системе обучения и развития персонала, как основному стабилизирующему фактору в профессиональной деятельности.

Любая компания постепенно должна переориентироваться в обучающую организацию, основным фактором формирования которой будет процесс непрерывного организационного развития.

Процесс обучения, так же, как и сам процесс управления персоналом, появляется тогда, когда в компании появляется новый сотрудник. Его необходимо сначала принять, потом адаптировать, при этом научить работать в соответствии с принятыми стандартами, оценить результаты труда. Однако процесс обучения персонала в основном получается стихийным – сотрудников обучают спонтанно, ситуационно. В зависимости от того, что сейчас оказалось в приоритете, каких навыков не хватает, в таком направлении и идет обучение. Как правило, это классическое обучение или тренинги.

Системное обучение предполагает обучение сотрудников не только тем навыкам, которые необходимы им в настоящее время, но и развивать у них компетенции, которые понадобятся им в дальнейшем для достижения стратегических целей и задач компании.

Этапами системного обучения являются:

- Постановка целей обучения в соответствии с планами компании на определенный период;
- Определение структуры персонала и политики в отношении каждой категории;
- Анализ потребностей в обучении
- Выбор форм и методов обучения

Надо сказать, что система обучения – это многоуровневый, поэтапный цикл мероприятий, рассчитанный на поддержание и развитие профессионального уровня всего персонала, в соответствии с концепцией и стратегией развития. Таким образом, задачи системы обучения персонала – это ответы на вопросы: «Чему и кого учим?», «Зачем учим?», «Как будем использовать и контролировать результаты?»

Современные компании не всегда придерживаются основных требований и элементов эффективных систем обучения. В основном это бессистемное обучение по запросу. Отдельные, зачастую разрозненные программы повышения квалификации не дают того эффекта, которого от них ожидают. Это связано с тем, что нет самой основы – обоснованной потребности в конечном результате тренинга, в связи с чем отсутствует и посттренинговое сопровождение. Данный подход является узконаправленным. Здесь не учитывается фактор наставничества и ретрансляции знаний. Таким образом, выполняется только лишь одна функция – передача знаний, без их дальнейшего подкрепляющего сопровождения. В такой ситуации у персонала не вырабатываются навыки и умения посредством необходимых постоянных тренировочных мероприятий. Занятия проводят тренеры, работающие в компании, и они же контролируют процесс. Все остальное время сотрудники в плане повышения своей квалификации предоставлены «сами себе».

Для полной и всеобъемлющей системы обучения персонала необходимо:

- Включить в программу обучения всех сотрудников, находящихся в компании, которые имеют доступ к клиентам;
- В обязательном порядке включить в программу административный персонал – директоров филиалов/ отделений/ магазинов;
- Внедрить в работу систему мозговых штурмов, круглых дискуссионных столов;
- Внедрить в работу систему посттренингового сопровождения персонала;
- Разработать системы наставничества персонала и преемственности знаний.

Указанные выше направления в развитии персонала помогут создать более устойчивый базис знаний, навыков и умений всех категорий сотрудников, участвующих в процессе коммуникации с клиентом при продаже, что позволит сделать работу доступной для понимания с помощью логично выстроенных алгоритмов рабочих процедур.

Первичной процедурой обучения по значимости является адаптационное обучение и тесно с ним связанная система наставничества, поскольку включает в себя как обучающий фактор, так и фактор приверженности к корпоративной культуре компании.

Наставничество как метод обучения персонала позволяет практически воспитывать кадры со специфическими знаниями и навыками, актуальными для конкретной компании. Это одна из форм обучения на рабочем месте, акцент в которой делается на практическую составляющую.

В процессе наставничества более опытный и квалифицированный работник передает своему подопечному знания и навыки, необходимые для эффективного выполнения рабочих задач. Наставничество тесно связано с процессом адаптации нового сотрудника, но направлено не на вовлечение в корпоративную культуру, а на решение сугубо профессиональных задач.

Данный метод, причисляемый к формам обучения, имеет свои особенности и отличия от остальных методов обучения.

Коучинг	**Тренинг**	**Наставничество**
Процесс, направленный на поиск решений и достижений целей, при условии, что человек уже знает, как это делать, но не может составить план действий.	Процесс приобретения новых знаний, умений и навыков, при условии, что человек понимает, чему именно ему необходимо обучиться.	Процесс передачи знаний в конкретной области более опытным человеком (наставником) менее опытному, исходя из опыта и знаний наставника.

Программа наставничества предполагает систему, где основную роль выполняет наставник, сотрудник компании, в обязанности которого входит организация и проведение внутреннего адаптационного обучения вновь принятых работников своего подразделения, а также проведение технического обучения, ознакомление с новыми продуктами компании. Данная система разрабатывается в целях оптимизации процесса адаптации вновь принятых работников, совершенствования работы со специалистами компании, ускорения процесса изучения новых продуктов и ознакомления работников с изменениями, происходящими в бизнес-процессах компании. Программа наставничества включает в себя:

- регламентацию процедуры формирования института наставников и их мотивацию;
- адаптацию к корпоративной культуре компании, усвоение и принятие традиций и правил компании;
- приобретение знаний и навыков, необходимых для эффективной работы на занимаемой должности;
- процесс обучения работника, развитие его профессиональных компетенций, способности самостоятельно выполнять возложенные на него обязательства.

Согласно данной программе в компании одновременно может действовать несколько видов наставничества:

- Для стажера (при условии заключения со стажером договора на стажировку);
- Для вновь принятых работников компании;
- Для уже работающих работников компании;
- Для изучения новых продуктов и бизнес-процессов

Наставником может быть назначен любой работник компании, соответственно, его согласием, который обладает высокой квалификацией, необходимым уровнем знаний и навыков для выполнения своей работы, коммуникативный и стремящийся к постоянному совершенствованию своих знаний. Наставники в обязательном порядке проходят внутренний отбор на присвоение статуса:
- собеседование с HR;
- профессиональное отборочное тестирование;
- демо-версия проведения профессионального обучения.

Кандидаты на статус наставника направляются на обязательное обучение по утвержденной программе и плану обучения наставников, который формируется и утверждается HR-департаментом компании. Также компания на постоянной основе организовывает очное обучение всех наставников, не реже оного раза в год.

Компания может рассматривать вопрос о замене наставника в случае:
- неисполнения обязанностей наставника в части обучения работников;
- низкого уровня оценки знаний участников по проведенному обучению, ниже 80% в течение трех месяцев подряд.

Работа наставника предполагает определенный уровень развития и педагогических навыков, поскольку работа с аудиторией работников – это всесторонняя коммуникация на 360 градусов. Примером эффективной коммуникации с новичками может служить следующая отсылка:

Работа с командой стажеров имеет определенный алгоритм и структуру действий, а также определенные личностные характеристики наставника, как основного авторитетного лица и примера для подражания в работе.
Для начала рассмотрим основные компоненты формирования подобной командной работы на «подражание».

В каждой деятельности есть свои определенные правила. Наставникам стоит придерживаться следующих:

- Наставник настраивает команду стажеров на позитивное восприятие своих рабочих задач, себя как профессионала и компанию как ответственного работодателя;

- Наставник предоставляет конкретно и лаконично необходимые знания и навыки новым сотрудникам;

- Наставник выявляет таланты каждого сотрудника и развивает их, согласно необходимым планам и программам;

Какими же личностными характеристиками должен обладать наставник?

- Профессиональной креативностью – уметь принимать неординарные решения и отвечать на непростые вопросы сотрудников;
- Деловой смелостью – брать на себя ответственность за обучение и возможное карьерное будущее сотрудников;
- Концентрацией – точно и четко следовать инструкциям предоставляемых тренинговых программ;
- Распознаванием возможностей обучаемых сотрудников – делать акценты на сильных профессиональных сторонах ребят;
- Ответственностью – подходить к возложенным задачам с деловым интересом и любопытством, работать на результат;

Наставник должен понимать и принимать степень ответственности не только за количественные показатели продаж, но и за качество работы и общей атмосферы в обученной команде сотрудников.

Основным фактором успеха в работе являются его сотрудники. Неважно, идет ли речь о полевом персонале или высшем руководстве, компания в любом случае тщательно отбирает и развивает сотрудников, для того, чтобы каждый из них стал настоящим профессионалом и приносил прибыль компании и себе. Именно это является основным мотивационным компонентом и для сотрудников и для самой компании.

Основная задача наставника - **вовлечение новых сотрудников в процесс эффективной работы, производства высококачественного продукта и услуг, при этом мотивируя их на достижение высоких результатов в работе и самосовершенствования!**

Делать это необходимо с помощью уникального обучающего цикла:
«Планируй – Делай – Воздействуй - Проверяй»

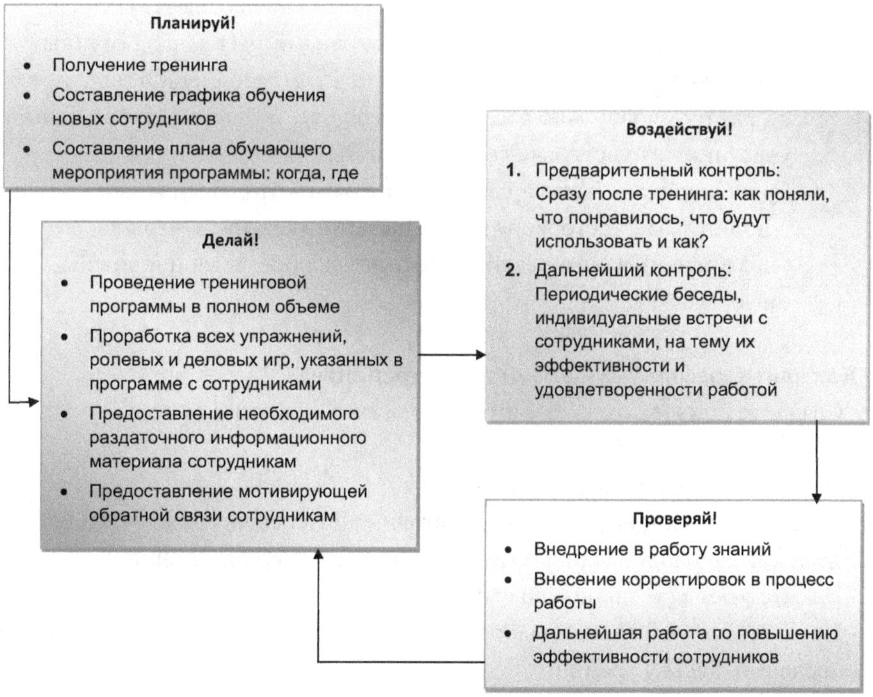

Весь этот цикл говорит об одном – новый сотрудник нуждается в комплексном сопровождении, он не должен оставаться один на один с поставленными перед ним задачами. Наставник несет ответственность за обучение и развитие новых сотрудников:

- Насколько хорошо сотрудник воспринимает предоставляемую ему информацию?
- Задает ли вопросы, в случае, если ему что-то было не понятно?
- Какие личные качества сотрудника выражены наиболее ярко?

Итак, а теперь, каковы же основные профессиональные навыки, которые сделают работу функционального тренера максимально эффективной, а сотрудников – обученными.

Начнем с правил успешного функционирования группы на тренинге, что делать, чтобы группа активно участвовала, а не сидела, грустя и засыпая:

- Если группу уважают со стороны, она становится более сплоченной – уважайте группу, уважайте каждого участника, цените их, как личностей и профессионалов;
- Развитие группы и ее сплоченности обеспечиваются только если лидерство распределено между участниками - все члены группы принимают некоторую ответственность по выполнению задачи – старайтесь правильно распределить роли и задачи, чтобы ни один участник не чувствовал себя «покинутым»;
- Группа должна быть заряжена позитивом – это обеспечивает наставник – поднимайте настроение (проигрывайте указанные игры и упражнения), заинтересуйте участников любопытной и новой информацией;

Как заинтересовать участников на тренинге:

- Создайте привлекательный имидж тренинга – выгоды, которые участники получат после тренинга;
- Понравьтесь участникам тренинга;
- Узнайте, чего хотят участники, постоянно интересуйтесь их мнениями и взглядами, периодически делайте участников лидерами мнений;
- Цените умения и знания участников;
- Предлагайте участникам выбор – периодически предоставляйте им право определять судьбу тренинга;
- Цените усилия и знания участников – делайте комплименты, давайте мотивирующую обратную связь;
- Будьте готовы идти на компромиссы с участниками – периодически вставайте с ними на одну планку;
- Проявляйте энтузиазм, но не давите на участников;

Как избежать отчуждения на тренинге:

- Знайте всех участников по именам;
- Произносите имена участников правильно;
- Не допускайте расизма и сексизма;
- Обращайтесь с участниками одинаково вежливо;
- Соблюдайте нейтралитет;
- Никто не любит неудачников – не занижайте участникам самооценку;
- Не ставьте себя на пьедестал – никто не любит выскочек;

Как правильно выбрать стиль работы с группой новичков:

Высокий уровень поддержки – низкий уровень указаний	Высокий уровень поддержки – высокий уровень указаний
- Вовлекайте участников в процесс принятия решений, обсуждений - Помогайте участникам свободно задавать вопросы и обсуждать важные проблемы - Делайте акцент на командную работу - Помогайте участникам определять их потребности в развитии	- Убеждайте участников - Старайтесь мотивировать участников - Продавайте участникам идею о том, что они сами способны выполнить задание - Хвалите участников за хорошо сделанную работу

Как работать с «трудными» вопросами участников:

- Не пытайтесь притворяться, что знаете ответ, если он вам не известен;
- Предложите желающим ответить на вопрос;
- Внесите сложный вопрос в план будущих заданий;
- Приветствуйте сложные вопросы;

Как работать с «трудными» участниками:

- Прервитесь и примите сложного участника в игру – иногда участникам кажется, что их мнением пренебрегают;
- Агрессивное поведение может скрывать неуверенность в себе – постарайтесь понять причину неуверенности участника;
- Если необходимо проявите жесткость;
- Высказывайте несогласие с идеей, но не переходите на личности;

- Обращайте сложный момент в шутку;

Тип участника	Характеристики
Позитивный тип	Помогают в дискуссии, особенно, когда группа пассивная. Надо следить, чтобы они все-таки чему-то научились
Болтуны	Тактично прерывайте их и ограничивайте время их выступления
Застенчивые	Старайтесь вовлечь их в дискуссию, задавая легкие вопросы, отмечайте даже небольшие достижения и помогайте почувствовать себя увереннее
Настойчивые почемучки	Они все время стараются «поймать» тренера или лидера дискуссии. Тактично отвечайте на вопросы, будьте уверены. Что они полностью удовлетворены ответами. Не позволяйте им вовлечь себя в дискуссию
Всезнайки	Предложите ему роль эксперта. Дайте возможность высказаться. Поощряйте правильные высказывания
Спорщики	Оставайтесь спокойными и не поддерживайте спор, группа сама с ними справится. Не позволяйте им доминировать при обсуждении
Пассивные	Постарайтесь заметить их знания и опыт. Определите их потребности и играйте на них
Толстокожие незаинтересованные	Спросите их о работе и интересах. Они должны быть. Старайтесь приводить примеры, которые могут привлечь их внимание
Интеллектуалы	Слушайте и принимайте во внимание, но не критикуйте и не провоцируйте их. Используйте технику «да, но» или «согласен – не согласен»

Развивайте творческий потенциал участников:

- Исследуйте творческий потенциал участников
- Предложите участникам проблему, решение которой требует творческого подхода
- Задавайте участникам вопрос: «А что, если …»

Как было указано выше наставник, в том числе может принимать участие и в отборе стажеров в компанию и их оформлению, этот момент мы рассмотрим сейчас.

Первоначальный отбор стажера осуществляется рекрутером на основании заявки на подбор. Кандидат на позицию стажера заполняет анкету по учету персонала, предоставляет резюме и копию документа, удостоверяющего личность для согласования кандидатуры Департаментом безопасности. После согласования кандидатуры со стажером заключается договор о стажировке и договор о неразглашении конфиденциальной информации.

На основании договора о стажировке HR-департамент издает приказы о прохождении работником стажировки и о прикреплении стажера к наставнику. Оплата стажировки устанавливается в размере не менее одной минимальной заработной платы, установленной законодательством страны. Далее следует процедура организации процесса стажировки. Наставник для стажера назначается сроком на два месяца. Срок стажировки может быть изменен по согласованию с руководителем подразделения, к которому прикреплен стажер, с HR-департаментом, посредством служебной записки. По итогам стажировки будущий сотрудник проходит онлайн-тестирование, результаты которого влияют на принятие решения о трудоустройстве стажера в компанию. За одним наставником одновременно может быть закреплено не более трех стажеров.

Наставник проводит адаптационное обучение стажеров по плану, утвержденному в компании, который может включать в себя следующие тематики:

- Вводный курс для новых работников – продолжительность 1 час;
- Продукты и услуги компании – продолжительность 3 часа.
- Инструкция по работе с системой электронного документооборота – продолжительность 1 час;

Перечень учебных курсов может быть изменен, при необходимости в случае разработки новых продуктов или технических инструкций. В рамках осуществления плана адаптационного обучения наставник может привлекать стажера к деятельности, осуществляемой подразделением, исключая доступ стажера до конфиденциальной информации.

Наставник оказывает всестороннюю помощь и поддержку стажеру для успешного прохождения курса адаптационного обучения. Он осуществляет контроль за изучением учебных материалов стажером, за выполнением заданий, определяет уровень знаний стажера по мере прохождения стажировки.

Наставник имеет право:
- в процессе проведения обучения давать задания обучаемым работникам и требовать их выполнения;
- запрашивать отчеты о выполнении заданий как в устной, так и в письменной форме;
- принимать обсуждение в вопросах, касающихся обучения работников своего подразделения.

По завершении адаптационного обучения наставник составляет отчет о проведенном обучении стажера и о достигнутых результатах, который направляется руководителю подразделения. После полного прохождения адаптационного обучения стажер проходит тестирование с помощью программы тестирования, результаты которого являются показателями эффективности проведения адаптационного обучения. На основании результатов тестирования стажера принимается решение о приеме стажера на работу и производится расчет оплаты работы наставника.

Система оплаты труда наставников начисляется на основании соответствующего приказа о доплате за работу наставников. Система включает в себя следующие виды доплат:
Гарантированная часть – выплачивается наставнику за фактическое проведение обучения;
Бонусная часть – выплачивается за средний уровень знаний участников, которое проводит наставник.

Начисление и выплата производятся бухгалтерией ежеквартально. на основании соответствующего приказа, который издает HR-департамент. К приказу прикладывается отчет о проведенному обучению с общим количеством часов и результат тестирования участника. Доплата осуществляется не позднее чем через 10 дней после представления отчетов о проведенном обучении наставниками либо после получения результатов тестирования участников.

За фактическое проведение обучения стажера наставнику выплачивается сумма в размере одной минимальной заработной платы, установленной законом и действующей на 1 января соответствующего финансового года за каждого стажера по итогам стажировки (два месяца), независимо от результатов тестирования стажера.

По результатам итогового тестирования стажеров наставнику осуществляется выплата бонусной части:
Если знания кандидата оценены на 90 – 100%, расчет вознаграждения производится по формуле:

Вознаграждение = К х **Ср. Ч** х **t,**

где:

К – коэффициент, равный 2

Ср. Ч – средняя стоимость одного рабочего часа наставника

Т – общее количество часов проведенного обучения

Если знания кандидатов оценены на 80 – 89%, расчет вознаграждения производится по следующей формуле:

Вознаграждение = Ср. Ч х **t.**

Если же оценка знаний кандидата – менее 80%, доплата наставнику не производится.

После каждого обучения участники заполняют анкету обратной связи по проведенному обучению (пятибальная шкала). Если средний балл по анкете – меньше 4,5, то за данного сотрудника бонус по результатам оценки не выплачивается.

Таким образом, данная система является эффективным инструментом управления, в том числе служит хорошей мотивацией для сотрудников, как стажеров, так и наставников.

Эффективность процесса обучения зависит от успешности каждого отдельного учебного мероприятия. Кумулятивный эффект обучения не может быть получен, если каждое отдельное занятие не будет давать существенного прироста в знаниях, умениях, раскрытии новых возможностей.

Для того, чтобы учебные мероприятия проходили более успешно, важно достаточно точно представлять:

- Цели и тип программы обучения;
- Особенности коммуникативного процесса слушателей;
- Специфику деятельности тренера, работающего с взрослой аудиторией;
- Отличительные параметры самой аудитории взрослых;

Необходимо отметить, что сама система адаптации и обучения персонала, в том числе и стажеров, должна быть ориентирована не только на положение дел в компании в настоящий момент, но и на подготовку персонала к работе в новых условиях, адекватной оценке перспектив и формирования четкого образа желаемого результата. Основной целью всех этих преобразований в конечном итоге станет создание условий, поддерживающих у сотрудников желание самосовершенствоваться и стимулирующих их к наиболее продуктивной работе.

Глава 5. Коучинг, как система ориентации и поддержки новичка

Современные технологии управления торговым персоналом базируются в основном на методологии «кнута и пряника». На взгляд менеджеров по персоналу таких компаний, подобные методы оправдывают себя действенностью, быстротой и простотой исполнения для отдела кадров. Это либо наказания и штрафы практически за все, что только можно стандартизировать, либо небольшие поощрения, которые зачастую в дальнейшем нивелируются штрафами. Подобный способ мотивации оправдывает себя только на первых этапах работы с новичком и, возможно, на испытательном сроке. Далее следует либо конфликт интересов работодателя с работником, либо быстрое увольнение последнего. Отсюда и большая текучесть полевого персонала.

Выход есть — это более четкая и целенаправленная работа с каждым отдельным новым сотрудником. Безусловно, это сложно и требует намного больше времени, нежели стандартизированный подход, но результат этого стоит. В итоге можно получить:

- более быструю и эффективную адаптацию нового сотрудника;
- отличное знание своего дела, исполнение и преемственность внутрикорпоративных стандартов в работе;
- более гуманные отношения в диаде «работодатель — работник».

В профессиональной литературе много говорится о том, что сотрудник настоящего — это не просто винтик в машине производственных процессов, а личность, которую необходимо знать, изучать и в определенных случаях подстраиваться под нее. В теории все это знают, но мало кто реализует на практике. Ситуация такова, что руководители в большинстве своем не понимают, как это сделать правильно, чтобы результат не разочаровал, а сотрудник в конечном итоге не переложил свои обязанности и ответственность на начальника. К сожалению, так и происходит в большинстве случаев: как только руководитель начинает узнавать личность подчиненного и, казалось бы, становится ближе к нему — подчиненный расслабляется и часто теряет профессиональную дисциплинированность. Этого нельзя допускать, поскольку в конечном итоге подобная ситуация может привести сначала к панибратству, потом к потере управленческого авторитета, и в конце концов — к попустительскому стилю управления.

Чтобы всего этого не произошло, в компаниях следует внедрять культуру коучинга, которая поможет прийти к взаимной удовлетворенности работодателя и работника посредством нахождения схожих профессиональных и личностных ориентиров.

Что же такое коучинг и как его ориентировать в менеджмент компании? Классиками теории коучинг определяется так:

- наставничество и поддержка;
- лидерство;
- достижение определенных целей;
- личный пример успешности и его трансляция.

Хотелось бы подытожить и вывести определение, которое будет ориентировано в большей степени на менеджмент: коучинг — это формирование бессознательной компетентности сотрудника посредством раскрытия его творческого потенциала и выявления внутренних перспектив.

В целом коучинг призван поддерживать и направлять сотрудника в сторону личной эффективности и формировать навыки, которые помогут ее достичь. Каждый человек имеет свои убеждения, свое видение определенных ситуаций, свое место и роль в них. Причем и место, и роль вовсе не всегда бывают позитивно окрашены, что в итоге формирует неуверенность и нежелание продуктивно работать. Зачастую работник даже не задумывается над этим, он продолжает жить стереотипными действиями, ежедневно воспроизводя ранее заданную программу: удобную, но не продуктивную. Человек не видит своих перспектив, не замечает того, что лежит за кругом его личностного комфорта, ему никто не покажет и не расскажет, как могло бы быть. Именно в этом и состоит основная задача коучинга и коуча, который его предоставляет: расширение видения и демонстрация реальных перспектив, которых может достичь человек.

Теперь перенесем это в область менеджмента: коучинг — процесс управления, коуч — руководитель, личность — сотрудник. Для начала каждому руководителю необходимо понять и принять следующие обязательные постулаты:

1) сотрудник — это личность со своими решениями, правилами и стремлениями;
2) у каждого человека есть свои позитивные намерения;
3) любое действие работника может оказаться полезным в той или иной ситуации;

4) для успешной коммуникации с подчиненным необходима четкая обратная связь;
5) любой человек обучаем;
6) сотрудник всегда стремится сделать наилучший для него выбор из доступных возможностей;
7) в поле сознательного внимания человека одновременно находятся семь (плюс-минус две) единицы информации.

Исходя из основных положений коучинга, руководителю необходимо строить свою работу с сотрудником определенным образом. Нет нужды хорошо знать работника и обладать психологическими компетенциями — достаточно доброжелательного отношения и установки на раскрытие потенциала подчиненного. Управляющий должен понимать, что сотрудник — это человек с присущими ему особенностями: ленью, эгоизмом, тщеславием и зачастую неуверенностью в себе. Принимая все это во внимание, начальник может создать необходимую для работы профессиональную направленность подчиненного, при этом задействуя как его профессиональные, так и личностные характеристики.

Если разобрать это пошагово, то получится следующая простая схема:

- понять и донести до сотрудника, чего он в действительности хочет добиться;
- выяснить совместно с работника, какими методами и с помощью чего он сможет достичь желаемого;
- проверить эмоциональную готовность подчиненного: проанализировать его эмоциональное состояние и решимость к выполнению задуманного;
- проверить реальность цели: протранслировать образ желаемого будущего сотруднику.

В качестве сравнения рассмотрим на примере таблицы ниже, как осуществлялся процесс управленческой коммуникации раньше, а в большинстве компаний продолжается до сих пор:

Процесс управленческой коммуникации:

Руководитель	**Сотрудник**
Авторитарно предоставляет поручения и задания	Ответственный / безответственный исполнитель
Осуществляет контроль с указанием на ошибки	Понимающий / не понимающий свои недочеты в работе

Выносит административное порицание / административное поощрение	Лояльный к замечаниям в свой адрес / отвергающий критику работы и требования компании

Теперь обратим внимание на таблицу ниже и сравниваем с коучинговым подходом, который необходимо использовать в работе.
Коучинговый подход:

Руководитель	**Сотрудник**
Авторитет, лидер, предоставляющий определенные поручения определенным сотрудникам	Ответственный сотрудник, профессиональные и личностные особенности которого учитываются в работе
Производит контроль с анализом ошибок и совместной с сотрудником их аналитической проработкой	Понимающий и аналитически мыслящий сотрудник, готовый планомерно исправлять недочеты
Осуществляет индивидуализированный мотивационный подход с учетом всех позитивных и негативных моментов в работе	Лояльный сотрудник, готовый к дальнейшему совершенствованию

Вышеописанный вариант выглядит утопичным, но к нему вполне можно приблизиться в итоге. Достаточно начать с малого: привлекать сотрудников, разговаривать с ними, таким образом понемногу прививая коучинговую культуру.

Первым шагом должны стать трансформации в поведении самого руководителя как определенного примера для подражания. Итак, важные качества руководителя, как коуча:
1) раппорт, т.е., необходимость понимать и принимать, что точка зрения сотрудника — это реальность, которая дает более широкий доступ к его ресурсам;
2) уважение, т.е., понимание, что все люди равны в партнерстве: подчиненный в этом случае для руководителя является со-лидером;
3) уважение к индивидуальности и личному восприятию сотрудника, понимание, что каждое видение ситуации, а в данном случае — восприятие сотрудника является основой развития;

4) способность вдохновлять других — руководитель должен создать для подчиненного такой путь, который будет связывать две точки: настоящее состояние сотрудника и будущее желаемое состояние.

Основное правило, которое необходимо помнить при работе с сотрудником, это в любом разговоре, беседе, деловой или личностной, подчиненного необходимо развивать, давая ему возможность познать себя, раскрывая собственные возможности. Делать это следует с помощью открытых направляющих вопросов. Закрытые вопросы в этом случае сыграют против руководителя и установят дистанцию между ним и сотрудником. Поэтому работа руководителя-коуча с подчиненным должна базироваться в основном на открытых вопросах, направленных на будущее последнего. Характеристики, которыми обладают открытые вопросы в этом случае, представлены в таблице ниже.

Характеристики открытых вопросов:

Открытые вопросы	**Закрытые вопросы**
Подразумевают множественные ответы сотрудника, т.е. дают ему возможность анализировать свое профессиональное поведение и действия	Ответы уже известны
Помогают сотруднику думать шире и глубже, идти дальше, т.е. планировать свои профессиональные действия	Выводы фиксированы, варианты ответов изначально заданны: да / нет
Направлены в будущее	Дают выводы о прошлом и в отношении настоящего
Не наталкивают на готовое решение, а дают возможность более свободных, творческих суждений	Подводят к определенному ответу

Вопросы, направленные на настоящее и будущее сотрудника, приведены в таблице.

Вопросы, направленные на прошлое, настоящее и будущее сотрудника:

На прошлое (от чего-либо)	На настоящее (к чему-либо)	На будущее
■ **Каким способом вы этого достигли?** ■ Как вы это видите? ■ Как мы могли это сделать? ■ Как мы могли получить идеи? ■ Есть ли такой способ? ■ Что мы можем сделать?	■ Какие есть еще способы? ■ Как вы ощущаете этот процесс вашего собственного открытия? ■ Как еще мы могли бы это сделать? Что предпринять нового? ■ Как мы могли бы получить еще больше новых отличных идей? ■ Давайте поищем хорошие способы ■ Как мы можем получить то, что нам действительно нужно?	■Как вы могли бы начать?

Сосредотачивая внимание на настоящем и будущем подчиненного, его можно направить на достижение конкретной задачи, которая при этом получает определенный контекст. Работу с поставленной целью предлагается вести следующим образом.

1. **Формулировать ее в позитивных терминах:** «Чего вы хотите?», вместо «Чего вы не хотите?»
2. **Проверять зону контроля поставленной цели**, т.е. способен ли человек, поставивший эту цель, ее достичь? При этом сотрудник должен ответить на следующие вопросы.

- Как вы можете это получить?
- Как вы узнаете, достигли ли вы запланированного результата?
- Что бы вы делали для того, чтобы его получить?
- Является ли то, что вы делаете, важным для того, чего вы хотите?

Использование данных вопросов является проверкой важности информации в отношении формулировки человеком своего результата. Это нужно для того, чтобы отличить необходимую информацию от излишней, которая может отвлечь от целенаправленных действий.

3. **Проверять цель на ее измеряемость и воспринимаемость**, т.е. сформировать ее привязку к определенному контексту и времени. Здесь подчиненный отвечает на такие вопросы.

- Что вам нужно для того, чтобы получить результат?
- Какой первый шаг вы можете сделать сейчас?
- Как вы узнаете о том, что идете в правильном направлении?
- К какому времени (сроку) вы хотите получить желаемое?
- Что у вас есть сейчас и что вам еще нужно, чтобы добиться своей цели?

4. **Проверять цель на экологичность**, т.е.просчитать все последствия этого достижения в будущем и настоящем. В идеале результат должен вписываться в общий план и соответствовать краткосрочным и долгосрочным целям.

- Какое влияние это окажет на вашу жизнь?
- Как сочетаются ваши результаты и результаты других людей, находящихся рядом с вами?
- Для чего вам это нужно?
- Что вы получите и что вы утратите, если вы этого добьетесь?

Далее следует создать для работника эмоционально комфортную обстановку — сформировать раппорт и чувство сотрудничества, это поддержит человека и определенным образом подтолкнет его к действиям и, соответственно, к развитию.

Как вариант, руководитель-коуч в беседе может поддержать своего сотрудника следующими фразами.

- «Действительно любопытно, как это может приблизить нас к цели увеличения продаж?»
- «Пока вы говорили мне это, я поймал себя на мысли о том, что это действительно может сработать».
- «Обязательно расскажите мне, как все получилось, мне это интересно».

Используя в коуч-беседе поддерживающие фразы, начальник негласно дает понять подчиненному, что он принимает его и готов к сотрудничеству. В свою очередь, для работника подобный посыл является некоторым эмоциональным и профессиональным стимулом, основанным на понимании того, что его труд и профессиональные заслуги ценны для компании, а сам он является полноправным членом коллектива и личностью, к чьему мнению прислушиваются.

Задача директора в дальнейшем сохранить, упрочить и культивировать это чувство у сотрудника. Для того, чтобы сохранить у подчиненного чувство уверенности и полезности присутствия в разговоре, руководителю необходимо использовать прием повтора, т.е. строить обратную связь, кратко резюмировать полученную от сотрудника информацию. Этот навык позволяет создать конгруэнтность и определенные ценностные параллели между руководителем и подчиненным. Примеры фраз для повтора могут быть следующими.

- «Позвольте мне прояснить…»
- «Я хочу проверить, правильно ли я понял, что …?»
- «Все ли моменты я уловил…?»
- «То есть, по сути, вы говорите мне, что … Правильно?»
- «Вот что мы уже сделали …»
- «Давайте пересмотрим основную важную информацию, которую мы уже собрали …»

Обратная связь крайне важна для сотрудника, именно благодаря ней он понимает, чего избегать, а что наоборот усиливать в своем поведении и работе. Обратная связь может оказаться для подчиненного как положительным моментом, который будет для него позитивным подкреплением, так и отрицательным, т.е. негативным подкреплением, которое будет нести в себе чувство вины и неудачи, понижая тем самым самооценку человека. Примеры формирования позитивного подкрепления, которое повысит таким образом самооценку сотрудника, отображены в таблице.

Негативное и позитивное подкрепление для сотрудника:

Негативное подкрепление	**Позитивное подкрепление**
Проблема: что со мной не так?	Результат: чего я (моя команда) хочу?
Неудача: это моя вина	Обратная связь: как я (мы) могу этому научиться?
Почему: почему это произошло именно со мной?	Как: каким образом у меня это получается? Как и где я могу еще это использовать?
Ограничение: как меня это ограничивает? Смогу ли я вообще чего-нибудь добиться?	Возможность: какая возможность здесь есть для меня?

Опыт показывает, что обратная связь наиболее эффективна тогда, когда она является описательной, а не оценочной. Кроме того, эффективная обратная связь включает описание того, какую реакцию чьи-то действия вызвали у собеседника. Для описательной обратной связи характерно стремление сообщить об испытываемых чувствах, а для оценочной — стремление высказать суждение о другом человеке либо дать оценку качеству или достоинству его действий или работы. Можно выделить несколько основных свойств обратной связи.

- Обратная связь должна быть конкретной, а не общей. Когда человеку говорят, что он эмоционален или апатичен, слишком чувствителен или мало чувствителен — это мало помогает. Такие характеристики являются крайне общими, хотя они и выглядят отчасти правдивыми, они описывают ситуацию на таком общем и абстрактном уровне, что та информация, которая в итоге выходит, не имеет практического смысла.
- Обратная связь учитывает потребности и дающего, и принимающего ее. Человек должен понимать доносимую информацию, принимать ее и каким-то образом использовать себе во благо.
- Обратная связь должна быть направлена на такое поведение получателя, которое он может контролировать или как-то изменить. Предоставляя сотруднику обратную связь, руководитель демонстрирует свою заинтересованность в профессиональном и личностном развитии подчиненного, а работник, в свою очередь, чувствует свою социальную и профессиональную значимость.

Для сотрудников торговых компаний, в частности полевого персонала, чей возраст зачастую не превышает 25–27 лет, культура коучинга может оказаться отличным мотиватором саморазвития. Эта культура дает человеку понимание того, с какой целью он находится в данной компании, что от него требуется в отношении профессионализма и рабочих действий, каким образом можно выполнять эти задания правильно и наиболее эффективно, а также чего ожидать в результате.

Чтобы сформулировать основные положения работы коуч-мотивации в контексте торговых компаний, начнем с основ для руководителя:

- начинать следует с того, во что управляющий сам верит;
- озвучивать необходимые для работы сотрудника убеждения;
- добавлять эмоциональную энергию и изюминку.

Таким образом, коуч-беседы становятся:

- четкими и легко доступными;

▪ чувственными, т.е. правдоподобными и настоящими;
▪ лаконичными — по существу;
▪ непротиворечивыми — подключены искренние эмоции и убеждения руководителя.

Любая торговая компания постоянно претерпевает определенные изменения, поэтому особо важен тот факт, что набирать следует лучших, обучать их на высшем уровне и управлять людьми так, чтобы они самостоятельно развивались, показывая результаты, которых от них ожидают. Таким образом, рекомендуется внедрить на фирме систему развития талантов, состоящую из двух основных компонентов управления лидерами, начиная от полевого персонала магазинов и заканчивая директорами филиалов.

1. Управление результатами.
2. Развитие потенциала (коуч-встречи).

Основное внимание здесь уделяется вопросу развития потенциала сотрудников, но несколько слов необходимо сказать и об управлении результатами, поскольку это является одним из необходимых факторов для развития.

Управление результатами связано с сотрудниками, достигшими путем следования стратегии и ответственности за то, что они обещали сделать, определенных профессиональных высот, которых от них ожидает компания. В системе управления результатами очень важно наладить бизнес ритм, включающий еженедельные / ежемесячные коуч-встречи как определенный ориентир в профессиональном росте работника.

Коуч-встреча — это инструмент, который позволяет создать бизнес ритм, как для руководства, так и для подчиненных, что в итоге дает определенные преимущества в работе. В частности:
▪ позволяет обсудить все деловые и творческие вопросы по работе в спокойной обстановке;
▪ дает понять сотруднику, чего от него ожидают, снижая тем самым эмоциональное напряжение и неуверенность человека;
▪ дает возможность управляющему похвалить подчиненного за хорошие результаты в работе;
▪ позволяет руководителю задокументировать конкретный план улучшения работы сотрудника;
▪ формирует бизнес-ритм контроля над выполнением плана.

Коуч-встречи очень важны, потому как персонал заслуживает и, что более важно, сам хочет получить помощь в работе. Поэтому любая коуч-встреча полезна, но лишь в том случае, если она отвечает следующим требованиям.

1. Все директора магазинов (руководители) обязаны еженедельно / ежемесячно проводить и документировать коуч-встречи со своими сотрудниками.
2. Коуч-встреча должна быть назначена заранее, сотрудника необходимо предупредить о ней минимум за неделю, сообщив время и место проведения.
3. Директор, проводящий коуч-встречу, должен заранее подготовить следующие материалы:

▪ бизнес план подразделения или магазина на будущую неделю / месяц;
▪ вопросы, включая контрольные вопросы по бизнес плану магазина или подразделения.

Рекомендуемые вопросы к коуч-встрече:

Руководство к действиям	**Руководство к развитию: планирование**
▪Чем вам больше всего нравится заниматься? ▪ Что вас вдохновляет? ▪ Какую самую лучшую благодарность или поощрение вы когда-либо получали? ▪ Как ваши способности помогают вам в выполнении работы? ▪ Что может вам помешать при выполнении работы? ▪ Как вам легче всего обучаться? ▪ Что бы вы сделали для того, чтобы развить свои способности? ▪ Какие дополнительные навыки и знания вам необходимы для того, чтобы развиваться? ▪ Как вы планируете этого добиться? ▪ Когда вы собираетесь это сделать? ▪ Как я, будучи вашим начальником, могу вас поддержать?	▪ Где и кем вы себя видите через три года? ▪ Что поможет вам достичь желаемого? ▪ Будут ли на вас влиять оценки окружающих относительно ваших действий? ▪ Какие способности будут являться для вас определяющими в достижении поставленной цели? ▪ Какие барьеры могут встретиться на пути достижения вашей цели, и как вы с ними поступите? ▪ Какие навыки будут необходимы вам в достижении цели, и как вы планируете их развивать? ▪ Каким образом и с помощью чего вы этого добьетесь?

	▪ Кем вы себя видите по достижению цели?

Основы ведения коуч-беседы:
1) начните с проявления интереса к сотруднику как к человеку: спросите про его семью, как он себя чувствует, что нового в его жизни;
2) похвалите за хорошо выполненную работу;
3) обратите внимание на еженедельный / ежемесячный прирост или спад по определенным показателям, которые особенно важны, основываясь на них, вы в последствии сможете глубже оценить долю отдела в общей прибыли по таким отдельным показателям, как:
▪ выполнение отделом плана по марже;
▪ падение или рост коэффициента оценки покупателей;
▪ падение или рост средней стоимости покупки;
▪ падение или рост количества проданного товара в чеке;
4) проанализируйте работу за прошлый месяц, предложите поговорить о плане на прошлый месяц, спросите, что получилось, что можно было сделать лучше и каким образом.

Необходимо задавать наводящие вопросы об удачно или неудачно выполненном плане. Спросите, почему конкретные бизнес показатели были хорошими или не очень. Например, почему КОП увеличился на 2%? Какое поведение помогло увеличить этот показатель? Почему не смогли увеличить сумму среднего чека? Провоцируйте персонал постоянно анализировать свое поведение и стараться продуцировать новые, более эффективные идеи.

Целью каждого работника компании является управление собственными бизнес-результатами. Происходит это с помощью системы оценки развития сотрудника, т.е. необходимо определить, что у него получается хорошо, а в чем ему нужно помочь. Таким образом, развитие коллектива фирмы в контексте коуч-бесед — это не способ управления результатами, а инструмент личностного роста сотрудников. Независимо от должности все, начиная с директоров филиалов и до полевого персонала, должны работать над своим развитием и помогать коллегам. Именно такая компания будет являться самообучающейся, где каждый человек отвечает за свое развитие и ответственен за результаты своей работы. Для создания такой компании и команды рекомендуется поступать по следующему сценарию:

1) наблюдайте: говорите с покупателями, беседуйте с сотрудниками, следите за общением покупателей с продавцами;
2) обучайте: поддерживайте позитивный настрой, учите, тренируйте и наставляйте при любом удобном случае;
3) служите примером: ведите себя так, как хотите, чтобы вели себя ваши сотрудники;
4) признавайте правильное поведение: одобряйте и вознаграждайте правильное поведение, обучайте, если поведение неправильное.

Глава 6. Адаптационное обучение: Разработка и внедрение системы Функциональных тренеров

Продажи – это изменчивый процесс, подход к ним должен содержать в себе определенную гибкость и возможность постоянного совершенствования, поэтому и эффективность продаж сравнительно не постоянный процесс, а процесс, который нуждается в периодической подпитке, как информационной, так и эмоциональной. Таким образом, команда продавцов должна постоянно проходить своеобразные тренировки, поддерживающие ее высокую квалификацию. Ответственными за подобную подпитку являются функциональные тренера, сотрудники, которые являются идеологическими и профессиональными наставниками ребят, которые трудятся в рознице.

Итак, кто такой функциональный тренер и почему он важен? Функциональный тренер – это высокопрофессиональный специалист, дополнительной функцией которого является передача необходимых знаний и навыков новым сотрудникам компании. Этот сотрудник выбирается из числа самых опытных работников региона, который обладает отличными знаниями по специфике работы компании, отличными коммуникативными навыками и отличается большой лояльностью.

Основной профессиональной целью работы функционального тренера является проведение активных обучающих мероприятий для сотрудников, посредством разработанного сценария тренинговой программы, которая разрабатывается и высылается учебным центром центрального офиса. В процессе проведения данной программы функциональным тренером реализуются следующие задачи:

- Четкая самостоятельная проработка предоставленной к проведению программы;
- Сбор группы участников на тренинговое мероприятие;
- Проведение тренинга в необходимом, заранее заданном формате: тренинг/семинар/лекция/инструктаж;
- При необходимости проведение проверочных мероприятий или посттренинговое сопровождение сотрудника;
- Ожидаемым результатом от проведенных функциональным тренером тренинговых мероприятий может быть (в зависимости от первичного запроса):
- Сокращение адаптационного периода у новичков;

- Улучшение результативности продаж сотрудников;
- Улучшение качества обслуживания клиентов компании сотрудниками;
- Уменьшение текучести персонала;

Критериями оценки работы функционального тренера могут быть следующие показатели:

Объективный критерий – прибыль, приносимая молодым специалистом, измеряемая в цифрах;

Субъективный критерий – мотивация молодого специалиста на достижение поставленных перед ним целей и задач;

Для того, чтобы оба критерия были достигнуты и реализованы функциональному тренеру необходимо обладать рядом профессионально важных качеств:

- Функциональный тренер должен сообразовываться с исходным образовательным уровнем молодого специалиста – точно, лаконично и понятным языком преподносить необходимую информацию сотруднику;

- Функциональный тренер должен учитывать небольшой пока жизненный опыт сотрудника и его большие амбиции, свойственные молодым людям – не идти на открытый конфликт с сотрудником, в случае недопонимания – стараться уладить ситуацию путем сотрудничества либо компромисса;

- Функциональный тренер должен обязательно подключать молодого специалиста к планированию его дальнейшей карьеры, интересоваться его мнением относительно рабочего процесса;

- Функциональный тренер должен понимать, что все люди разные и нельзя с одной меркой подходить к двум разным молодым специалистам – необходимо принимать во внимание особенности каждого;

- Функциональный тренер должен предоставлять молодым специалистам возможность раскрыть свой профессиональный потенциал, давая ему возможность выполнять работу самостоятельно, но под контролем;

Основным фактором успеха в работе компании, конечно, являются ее сотрудники. Неважно, идет ли речь о полевом персонале или высшем руководстве, компания в любом случае тщательно отбирает и развивает сотрудников, для того, чтобы каждый из них стал настоящим профессионалом и приносил прибыль компании и себе. Именно это является основным мотивационным компонентом и для сотрудников, и для самой компании.

Основная задача функциональных тренеров - **вовлечение новых сотрудников в процесс эффективной работы производства высококачественного продукта и услуг, при этом мотивируя их на достижение высоких результатов в работе и самосовершенствования!**

Новый сотрудник нуждается в комплексном сопровождении, он не должен оставаться один на один с поставленными перед ним задачами. Именно поэтому, функциональный тренер несет ответственность за обучение и развитие новых сотрудников:

- Насколько хорошо сотрудник воспринимает предоставляемую ему информацию?
- Задает ли вопросы, в случае, если ему что-то было не понятно?
- Какие личные качества сотрудника выражены наиболее ярко?

Разобрались с техническими моментами, теперь перейдем к разработке и проведению самого Welcome-тренинга. Начать необходимо с того, что вы сами должны понимать и, соответственно доносить эту мысль до новых сотрудников, что эффективное обслуживание клиентов – это одновременно простой и сложный процесс. Многие составляющие этой деятельности должны функционировать постоянно и на высоком уровне, только так, компания сможет достойно обслуживать клиентов и получать прибыль. Данный предлагаемый разработанный тренинг – это пошаговое руководство по тому, как компании добиться отличной работы новых сотрудников на местах, используя различные типы поведения и профессионализма наших сотрудников, которые при правильном их применении приведут к успеху

Почему воспитание менеджера принесет большую пользу компании:

- Клиент ежедневно будет находиться в центре внимания работы сотрудников;
- Будут удовлетворены личные, нематериальные потребности самих сотрудников;
- Произойдет привитие желательного компании профессионального поведения сотрудникам;
- Уменьшится текучесть персонала и повысится эффективность сотрудников;
- Постоянная мотивация команды менеджеров на высокие результаты в работе

Небольшая информационная справка для функциональных тренеров:

Обучение персонала является составной частью корпоративной культуры компании. Система первичной адаптации, которая предлагается в данной статье – является основой обучения сотрудников и носит долгосрочный характер. Задача функциональных тренеров – обеспечить результативный тренинг новых сотрудников.

В тех филиалах, где создана атмосфера обучения и развития, наблюдается низкий процент текучести персонала, сотрудники более вовлечены в работу и способствуют динамичному развитию своего филиала. А это, в свою очередь, положительно влияет на лояльность клиентов и перевыполнению планов.

А теперь мы переходим непосредственно к тренингу новичков. Для начала, хочу напомнить, что ключ к тому, чтобы сделать тренинг новых сотрудников увлекательным и интересным – это предоставить учебный материал и предоставить его в позитивном, развлекательном и интерактивном виде. Помните, что это первое впечатление, которое получает новый сотрудник о компании.

Тренинг, который предстоит проводить функциональным тренерам – это Welcome – встреча с новыми сотрудниками, которая включает в себя следующие тематики:

- Информация о компании
- Информация о структуре компании
- Ценности и цели компании
- Система оценки профессионализма сотрудника
- Корпоративные традиции компании

СЦЕНАРИЙ ТРЕНИНГА «WELCOME-ВСТРЕЧА С НОВИЧКАМИ»

Время	Тема/ Цель	Содержание блока
9:00 – 9:40	Приветствие, знакомство, Информация о компании	*Доброе утро, всем! Рада видеть вас сегодня на нашей встрече, под названием Welcome to .....! И мы действительно очень вам рады! Еще раз: Добро пожаловать!* *Для начала позвольте поблагодарить вас за работу и ваш выбор.....! Как вы, наверное, уже успели заметить, мы все здесь – одна большая и дружная семья, команда, которая поддерживает друг друга, помогает друг другу и радуется победам каждого!*

		- Вам подходит такая корпоративная культура? *Отлично, тогда начинаем. Работать мы сегодня будем 3 часа и за это время узнаем многое о нашей компании, о структуре ваших подразделений, о традициях и правилах ..... Со своей стороны я обещаю, что будет познавательно и интересно!* *Для начала предлагаю познакомиться. Меня зовут ..... я .... Теперь хочу узнать и вас. Знакомиться мы будем следующим образом: Сейчас я каждому из вас раздам листки А4, на этих листках вы вертикально* *напишите свое имя, чтобы каждая буква стояла отдельно и к каждой букве, я прошу вас придумать прилагательное, которое вас характеризует, как* *человека и профессионала. Каждое прилагательное* *Должно начинаться на каждую букву вашего имени. Если у вас длинные имена, вы вполне можете сократить их, на ваше усмотрение В качестве примера мое имя:* *А – артистичная* *Л – любознательная* *И – интересная* *Н – надежная* *А – активная* *Если все понятно, листки у вас – начинаем …....* *Вот мы и познакомились, а теперь переходим к знаниям и информации.* *- Хочу сразу поздравить вас с отличным завершением стажировки и обучающего курса. Уверена, всем вам было полезно и интересно!* *- Скажите, пожалуйста, вы уже целый месяц работаете, что нравится в работе больше всего?* *- Как сложились ваши отношения с коллегами в команде? Помогали ли они вам на начальном периоде? Поддерживали?* *- А как сложились за это время ваши отношения с клиентами? Есть ли уже за что себя похвалить?* *……....* *Отлично! Давай с вами вместе попробуем сформулировать два основных правила в работе с клиентами:*

		- Встречать улыбкой всех клиентов и здороваться с каждым *- Быть активным в течение всего рабочего дня. Самому подходить к клиентам – предлагать помощь и услуги* *Вы такие?? Замечательно, я и не сомневалась.* *В процессе изучения ориентационного курса вы уже получили некоторые общие сведения о нашей компании. Сейчас я хочу более досконально рассказать историю ..., а также наши традиции, ценности и основы поведения.* **Здесь мы даем ему общую информацию о компании (презентационная программа)**
9:40 – 10:10	Предоставление информации о руководстве и структуре подразделения, в котором работает сотрудник	*Вот мы и познакомились с историей и реалиями нашей компании* *- Все ли вам понятно?* *- Каковы впечатления?* *- Может что-то из нашей импровизированной экскурсии осталось непонятным?* *- А теперь, скажите, пожалуйста, что вам понравилось. Как вы считаете, можем ли мы все гордиться тем, что являемся сотрудниками ....?* *Замечательно, очень радует то, что уже на начальных этапах работы мы чувствуем тепло и приверженность к ...... Сейчас предлагаю сделать небольшое аналитическое упражнение:* *Рисуем на флип-чате большую ромашку, в центре ромашки пишем название нашей компании, и озвучиваем участникам следующую инструкцию:* *«Сейчас мы все вместе будем заполнять эту ромашку, на каждый лепесток ромашки мы запишем выгоду, которую могут получить наши потенциальные клиенты, при сотрудничестве с .....». Итак, начинаем, у нас 10 лепестков – я жду от вас 10 значимых выгод для наших клиентов. Работаем все вместе, но говорим по очереди, не перебиваем друг друга.* *.........* *Отлично, с выгодами разобрались и посмотрите, они все очень ценны и значимы, задача состоит в том, чтобы правильно их донести до клиента – на понятном ему*

		языке, понятной ему терминологией и выгодами, которые будут значимы именно для него. *- А как вы считаете, что делает нашу компанию – одной из самых успешных на рынке, что позволяет нам чувствовать себя уверенными лидерами?* ………… *Да, вы правы – в том числе, конечно, это командная работа на единый результат. А команда – это люди, это мы все – влюблённые в свою работу и выполняющие ее «на отлично». Сейчас я хочу познакомить вас с Дирекцией ……., эта команда, которая отвечает за бесперебойную работу ……., отличную коммуникацию с клиентами и высокую прибыльность.* **Здесь мы даем информацию о дирекции, в которой сотрудник работает: руководство, ответственные лица, цели и задача, область ответственности в общей результативности компании (презентационная программа)**
10:10 – 10:50	Формирование портрета «Идеального менеджера», знакомство с системой оценки	*На слайдах вы сейчас увидели людей, с которыми вы уже работаете и в будущем будете продолжать строить уже командную работу, нацеленную на единый успешный результат* *- Может у вас возникли вопросы?* *- Тогда прошу вас, раз уж мы увидели ваших коллег, показать и вас – менеджеров …, тех людей которые стоят на передовой, людей, которые формируют имидж нашей компании в глазах всех клиентов. Какие мы???* …….. *Предлагаю сейчас совместными усилиями нарисовать портрет идеального менеджера …, какими качествами этот идеальный менеджер должен обладать? Создавать портрет будем с помощью мячика, будем его кидать друг друга, при этом называя качества, точнее кидать друг другу будете - вы, а я буду записывать ваши характеристики на флип-чате. Начинаем …* *Вот и наш портрет! А теперь мы посмотрим чем определяется для нас профессионализм, на каких рабочих моментах мы должны акцентировать основное внимание.*

		Будем соответствовать: Будем работать над своим профессиональным совершенством? *Отлично, работа – это конечно хорошо, но самое главное, это, конечно – результат.* *- Как вам кажется, каков главный результат вашей работы? К чему вы должны стремиться?* *-А на ваш взгляд, как ваша работа должна оцениваться, по каким критериям и вообще должны ли быть, какие-то критерии оценки* *- Конечно, должны и здесь я хочу вас познакомить с нашей общей внутрикорпоративной системой оценки вашего профессионализма* Даем информацию о системе внутрикорпоративной оценки (презентационная программа)
10:50 – 11:40	Основные составляющие оценки профессионализма	***Этот блок ведет представитель от бизнеса*** ***Функциональный тренер:*** *А сейчас мы разделимся по группам и узнаем про конкретно нашу эффективность в работе, чем она определяется и как ее достигать.* ***Представитель от бизнеса:*** *Вот из чего будет складываться оценка вашей продуктивности и результативности в работе. Теперь, когда вы узнали о своей эффективности, необходимо поговорить о системе эффективности работы всего вашего подразделения* *- Как вы думаете, почему это важно?* *Конечно, в-первую очередь, эффективность показывает основную область работы и точки результативности, которые необходимо достигать. Предлагаю сейчас совместно смотреть слайды презентационной программы и одновременно определять, в каких точках результативности у нас должны быть максимальные показатели. Мне бы хотелось, чтобы вы также анализировали. Итак, смотрим …* **Демонстрируем презентационную программу** *Вот мы и определились с эффективность работы вашего подразделения* *- На ваш взгляд, все ли критерии справедливы?* *- Какие критерии вы можете выделить, как самые главные в общей результативности?*

		- На что вы конкретно можете повлиять, чтобы общая результативность подразделения выросла? *- А что вы запомнили из того, как можно влиять на результативность?* *- На ваш взгляд, все это реально?* *Отлично, когда начинаем внедрять?* ***Здесь блок опять переходит к функциональному тренеру*** *Сейчас, когда вы узнали все секреты результативности вашего подразделения и, что немаловажно научились с этим работать - мы устроим небольшое соревнование: каждой команде будут розданы задачи, которые необходимо будет решить, решать будете индивидуально, каждый сам, время на решение задачи – 10 минут, после будем оценивать насколько ваша команда уложилась по времени и каков процент правильных решений в вашей команде.* *………* *До этого момента мы в основном говорили о наших внутренних резервах влияния на общую результативность компании, а что вы можете отнести к нашим внешним резервам влияния?* *Конечно, это наши клиенты, которые могут сделать для нас отличный пиар, который с учетом социальных сетей может распространиться не только на территорию нашей страны, но и намного дальше* *- Скажите мне, пожалуйста, что мы должны сделать со своей стороны, чтобы получить отличный пиар со стороны наших клиентов?* *Конечно, это наш сервис. Наше доброжелательное и клиенториентированное отношение к каждому, кто проявил интерес и доверие к нашей компании. И сейчас я хочу вас познакомить с нашими принципами, с нашей клиенториентированной культурой обслуживания.* *- Скажите, пожалуйста, что для вас отличный сервис?* *- А что для вас лояльный к нашей компании клиент? Какие выгоды он нам дает?* *- Отлично, а теперь переходим к самой культуре клиенториентированного обслуживания ......*

		Давайте вспомним нашу миссию, миссию ……: *«Превзойти ожидания каждого Клиента, путем удовлетворения потребностей ………».* *- А что мы можем сделать, чтобы наша миссия реализовалась?* *Менять настроение клиентов – делать наших клиентов счастливее* *Сделать все, чтобы клиенты хотели возвращаться к нам в компанию* *Обслуживать так, чтобы клиентам хотелось рассказывать о нас другим людям* *Итак, с принципами разобрались, теперь переходим к конкретным шагам реализации:* *Относимся к клиенту как к другу* *Слушаем и слышим нашего клиента* *Говорим на языке, понятным нашему клиенту* *Не заставляем клиента ждать – идем навстречу его потребностям и желаниям* *Решаем вопрос клиента на уровне одного прихода в отделение / точку продаж* *Приятно удивляем и радуем наших клиентов каждый день* *- Согласны со всем вышеизложенным?* *- Отлично, скажите, пожалуйста, а с какими трудностями мы можем столкнуться во время общения с клиентом?* *- Жалобы и возражения? А это трудности?* *С одной стороны я согласна, это трудности, но, если посмотреть с другой стороны – жалобы и возражения – это замечательная возможность для нас развиваться, тренироваться и совершенствовать свое мастерство.* *И поэтому, мы принимаем жалобу, как подарок, ведь она:* *- Дает возможность нам узнать о проблемах и исправить их* *- Расположить к себе клиента, показать ему его значимость* *- Превратить недовольного клиента в лояльного* *Согласны? Отлично, я уверена, что принципы, с которыми мы сейчас познакомились, лаконичны, просты и вполне могут стать стилем профессионализма настоящего*

		профессионала! А теперь, мы посмотрим, как на практике работают наши принципы обслуживания – будет отрабатывать играя. Наша игра называется «Крошка Енот»
11:40 – 12:00	Игровая ситуация на отработку работы с «трудными» клиентами	*Делим участников на две команды.* *Зачитываем предысторию:* *«Вспоминаем мультфильм про Крошку-Енота. Когда Крошка-Енот отправился один в лес, он, переходя через реку, заметил в пруду чью-то рожицу. Он испугался, но решил идти дальше и отпугнуть «Того, кто сидит в пруду». Крошка-Енот зарычал и скорчил гримасу, но «Тот, кто сидит в пруду», скорчил еще более страшную гримасу. Крошка-Енот взял большую палку и погрозил ею. Но «Тот, кто сидит в пруду» не убежал. Наоборот, он взял палку побольше и тоже погрозил.* *Мы все помним, что бедный Енот очень тогда напугался собственного отражения. А мама посоветовала ему просто улыбнуться. На этом и закончился инцидент.* *Наша беседа с возражающим клиентом очень похожа на этот мультик. Мультфильм – прекрасная метафора к тому, что если мы раздражаемся на критикующего нас и наш товар клиента, то клиент становится еще более безжалостным. И наоборот, наше дружелюбие помогает нам из возражения сделать осознаваемую потребность и побудить клиента не просто к покупке, но к долговременному и очень приятному сотрудничеству.* *Инструкция: сейчас мы разделимся на две команды:* *Первая команда - Крошки-Еноты. Вам нужно за 10 минут придумать как можно больше вариантов поведения (улыбка уже есть), которые бы позволили Енотику не бояться «Того, кто сидит в пруду».* *Вторая команда - «Тот, кто сидит в пруду». А вам реально нет никакого дела до Крошки-Енота, так как вы – всего лишь его отражение. Ваш взгляд – философский. За 10 минут с высоты вашего философского взгляда прошу вас придумат,ь как можно больше вариантов поведения Крошки-Енота, которое бы создало атмосферу безопасности и комфорта для самого Енотика».* *Команды получают по ватману и комплекту фломастеров, чтобы наглядно изобразить свои идеи.*

		После 7минут генерации идей и их оформления каждая команда выступает со своей презентацией. *Дебрифинг после игры:* *Как вы себя чувствуете?* *Что, на ваш взгляд, было сложнее, но, в тоже время эффективнее, быть изначально позитивно настроенным по отношению к клиенту или несколько дистанцироваться от него?* *Что было важным для вас в этом упражнении?* *Прошу вас найти два принципиальных сходства в ваших подходах и два принципиальных отличия*
12:00 – 12:40	Заключение тренинга	*Вот мы и познакомились с основными стандартами профессионализма идеального менеджера ...*[1] *и даже отработали их.* *После отличной и напряжённой работы, конечно необходим отдых и развлечения и сейчас, в заключение нашей встречи – я хочу рассказать вам о наших корпоративных праздниках, традициях совместного отдыха.* **Показываем слайды рассказываем о праздничных мероприятиях.** *Подходит к концу наш тренинг. В заключение я также хочу провести игру, под названием «Волшебный чемоданчик»* *Инструкция: Сейчас каждый из нас по очереди будет выходить за дверь. А все остальные, оставшиеся в классе будем решать, какие качества мы положим ему в его «волшебный чемоданчик профессиональной эффективности». Это будет наш подарок каждому, те качества, которые мы подарим, в самое ближайшее время станут неотъемлемой чертой его профессиональной гордости. Итак, начинаем, первый участник выходит за дверь.* *……..* *Вот и подошел к концу наш сегодняшний тренинг. Я постаралась передать вам, все то, чем владею сама – вы – молодцы, все это старательно отработали. И мне очень хочется надеяться, что в самом ближайшем будущем, а точнее, начиная с понедельника, ваша управленческая практика пополнится новыми эффективными навыками. Поделитесь со мной, пожалуйста, что это будут за*

		ыки ☺А, если серьезно, большое спасибо вам всем одня вы меня очень поддерживали и помогали. Я совсем устала и зарядилась позитивом, и все благодаря вам. А час я хотела бы услышать от вас обратную связь по одняшнему тренингу: что понравилось/ что следует ienить/ что будете использовать в работе…

Глава 7. Воспитание Чемпионов продаж

Как можно понять, что человек «Чемпион», а точнее настоящий профессионал в своем деле&

Во-первых, это уверенность в том, что это дело действительно его, и он способен его выполнять на 100% и по эффективности и по радости от его выполнения. Во-вторых, это желание постоянного самосовершенствования в работе, изучение профессиональной литературы, посещение профессиональных мероприятий, опыт наставничества. И, в-третьих, это эмоциональная стабильность на рабочем месте, позитивная командная атмосфера.

На мой, взгляд, третья составляющая очень важна и именно эту составляющую может и должен обеспечивать продавцу руководитель, если хочет вырастить и воспитать из него настоящего профессионала своего дела. Алгоритм воспитания довольно легкий и испытан веками:

Уважайте продавцов как личностей, старайтесь увидеть в каждом из них звездный потенциал, раскрывайте его в работе, в формальных и неформальных ситуациях, хвалите, поднимайте профессиональную самооценку, иначе говоря, культивируйте в них успех!

Для того, чтобы все это осуществить руководителю необходимо самому стать Лидером, тем примером для подражания, на который продавцы могут ориентироваться.

При этом следует понимать, что деловая современность предъявляет определенные условия и требует от руководителей не только ответственности, компетентности и высокого профессионализма, но и смекалки, юмора и азарта. Каждый руководитель должен знать, что надо сделать, какие действия предпринять, чтобы конкретно его магазин мог обслуживать своих клиентов на отлично и получать необходимую прибыль.

Ни для кого не секрет, что основная задача деятельности торговой компании – прибыль, которая в свою очередь основывается на лояльности клиентов. Следует отметить, что лояльность клиентов – это одна из главных составляющих успешности компании, как в плане стабильной прибыли от постоянных клиентов, так и в плане имиджа на рынке, в сравнении с конкурентами, по качественным, и как результат, по количественным показателям.

Довольно много информации существует по способам, технологиям и стратегиям удержания клиентов, это и внутренние маркетинговые технологии и пиар-мероприятия – все это направлено на активизацию потребителей. Однако, всегда следует помнить: внешние мероприятия – это лишь вершина айсберга, стержнем всего являются сотрудники компании – та, основная движущая сила, которая формирует и реализует свой локальный рынок качества услуг на передовой.

Таким образом, лояльность клиентов в значительной степени зависит от лояльности сотрудников своей компании. Эта четкая корреляция показывает динамику преобразований зачастую именно в сфере качества обслуживания клиентов, поскольку напрямую взаимодействует в системе: Продавец – Покупатель.

Стратегически это можно выразить следующим образом: Реализация «рыночных» потенциалов компании посредством усовершенствования работы внутри того или иного подразделения, то есть усовершенствование работы с персоналом.

Необходимо отметить, что самая высокая эффективность в работе достигается тогда, когда улучшается взаимодействие людей работающих вместе. Под взаимодействием мы можем понимать соотнесение личностных мотивов каждого отдельно взятого работника с целями, задачами и ответственностью перед потребителями компании. Данная система подразумевает постоянную работу с полевым персоналом, направленную на поддержание позитивного профессионального настроя и общей лояльности к компании.

Что значит позитивный настрой продавца? Это оптимизм и желание делать больше и лучше. И все это заветная мечта любого руководителя розничной компании. Как же создать настроение своему персоналу и настроить на профессиональные победы? Все несложно: Заинтересовать – Сделать работу фан - Поднять продавцу самооценку и продемонстрировать ему его уникальность.

Предлагаю сегодня рассмотреть систему профессиональной подготовки чемпионов продаж и методы формирования позитивной мотивации в работе.

Начнем с системы профессиональной подготовки. Что мы можем дать своим сотрудникам помимо постоянно проходящих тренингов? Что может их мотивировать на отличное знание и выполнение своих профессиональных задач каждый день? Монотонные стандартные правила? Наверное, нет. Продавцы розничных магазинов – это в основе своей молодые люди, которым, в-первую очередь необходим задор и фан. Простые и написанные канцелярским языком стандарты не вызовут заинтересованности и желания им следовать. Им нужен интерес в выполняемых задачах и гордость за ту компанию, в которой они работают. Даем им это: пишем Кодекс поведения в Компании. Этот документ будет являться основным компасом и корпоративной конституцией для сотрудников. Формирование подобного кодекса важно, в-первую очередь потому, что большинство сотрудников не знает куда компания движется, к какому будущему она должна прийти и какова роль того или иного сотрудника в достижении целей компании. Данную информацию обязательно нужно доносить до каждого, после получать обратную связь.

Примером Кодекса поведения может быть следующий:

«... – это лидирующая торговая сеть на территории .... Мы – это Компания, которая ломает привычные устои розничной торговли и идет на несколько шагов дальше своих конкурентов. Наш успех – это прямое отражение наших сотрудников и нашей корпоративной культуры.

Для известной и развивающейся Компании у нас должен быть единый язык и единый свод правил, которые будут укреплять и защищать то, что нам, как команде дорого и важно для дальнейшего развития бизнеса.

Наш бизнес основан на компетентности, честности и ответственности перед клиентами, коллегами и партнерами - безусловных характеристиках, которые не подвергаются сомнению. Сотрудники Компании – это команда единомышленников, стремящихся к самому высокому качеству в производстве, информатизации и методах ведения бизнеса. Таким образом, МЫ стремимся к совершенству во всем!

В Компании не ставят границ в достижении успеха и всегда готовы к новым предложениям,

НАША ОСНОВНАЯ ГОРДОСТЬ – КВАЛИФИЦИРОВАННЫЙ ПЕРСОНАЛ

Активные, молодые, целеустремленные лидеры, готовые всегда держать пальму первенства, в том деле, которым занимаются!

НАШЕ КРЕДО: КОМПАНИЯ ДЛЯ СОТРУДНИКОВ, КЛИЕНТОВ, ПАРТНЕРОВ

Мы стремимся, чтобы работа в нашей Компании была бы не только интересной, но и достигала своей главной цели - служила основой финансового благополучия наших сотрудников и их семей. Главная движущая сила нашего бизнеса — люди. Каждый из наших работников вносит свой вклад в общий успех, а существующая в Компании политика вознаграждений позволяет премировать лучших!

Итак, стремимся к совершенству! Что для этого необходимо:

Наша философия: Уважение личности:

В наших магазинах отношение к любому покупателю строится на основе уважения вне зависимости от возраста, должности, пола и национальности человека.

Таким образом, мы:

- Ориентируемся на клиента: *Мы работаем в условиях жесткой конкуренции. Только постоянно отвечая запросам своих покупателей, мы можем прийти к успеху.*

*- **Взаимообогащаемся**: У наших сотрудников часто появляются деловые, креативные идеи, которые могут выходить за рамки должностных обязанностей. Такие идеи должны быть обязательно вынесены на обсуждение и приняты во внимание!*
*- **Работаем в дружной, сплоченной команде:** Задачи, стоящие перед нашей Компанией глобальны и для достижения успеха нам необходимо работать всем как одна Команда. Мы должны оказывать максимально возможную помощь друг другу, замечать успехи своих коллег и никогда не скрывать информацию.*
*- **Получаем удовольствие:** Работа должна приносить удовольствие. Даже в моменты стресса и сложных ситуаций, сопровождающих процесс создания и развития нашей Компании, все мы должны сохранять чувство юмора и не терять оптимизма!*
И приходим к основной нашей цели:
Прибыльность Компании – это конечная цель нашей работы. Это критерий нашей успешности и конкурентоспособности.
Приступив к работе в Компании Вы становитесь ее частью. Коллектив тогда становится Командой, когда личные интересы каждого отдельно взятого сотрудника совпадают с корпоративными. Если этого не происходит, приходится поступиться личным в интересах общего. В работе должно быть понимание целей и ориентация на единый результат!

Поэтому, соблюдаем наши основополагающие принципы:

Принцип 1:
Все хорошо, что ведет к упрощению (разумеется, без ущерба для качества). Если Вы упрощаете (работу - коллеге, покупку - Клиенту и т.д.), - Вы правы.
Принцип 2:
Если при решении сложных вопросов Вы спокойно следуете процедурам и корпоративным стандартам, а не эмоциям и обидам, - Вы правы.
Принцип 3:
Если то, что Вы делаете, защищает Компанию, - Вы правы.
Принцип 4:
Если Вы делаете больше, чем от Вас ожидали, - Вы правы.

Наш кодекс поведения:

Ответственность друг перед другом:
- Мы заряжаемся энергией от людей, которые нас окружают: мы обучаемся, растем и совершенствуемся в доброжелательном и дружном коллективе.
- Мы отвечаем за свою работу: за успехи и недочеты – анализируем и идем вперед.
- Мы четко следуем стандартам и инструкциям, ответственно подходим к обучению: оно влияет не только на впечатление покупателей, но и на работу всей нашей Команды.
Ответственность перед нашими покупателями:
- Покупатели залог нашего успеха, поэтому мы должны относиться к ним с большим вниманием и уважением.
- Мы не отказываем покупателю в помощи

- Мы не вводим покупателя в заблуждение в вопросе характеристик и преимуществ товара.
- Мы не продаем покупателю товар, который не несет для них никакой пользы.
- Мы не отказываем в помощи покупателю, который не собирается делать покупку сегодня

Ответственность перед Компанией:

- Именно на нас лежит ответственность за сохранение интересов Компании и ее благосостояния:
- Мы не делимся с посторонними информацией о новых информационных технологиях в Компании
- Мы не ставим свои личные интересы выше или за счет интересов Компании.

НЕОБХОДИМЫЕ ЗАКОНОМЕРНОСТИ:

Работа в нашей Компании строится на основе стандартов. Ваша задача: Следовать стандартам и соблюдать основные правила:

СТАНДАРТ 1.

МЫ считаем неправильным усложнять работу. МЫ делаем все, чтобы работа коллег упрощалась.
В ситуации неопределенности МЫ принимаем такое решение, которое максимально упрощает работу наших коллег.

СТАНДАРТ 2.

МЫ стараемся сделать свою работу передаваемой, а результат своей работы воспроизводимым в наше отсутствие. Если такого не происходит, то это означает, что работа выполнена некачественно, либо еще не закончена.
Мы готовы передавать свой опыт, профессиональные наработки коллегам, и расцениваем это как профессиональный рост, как возможность двигаться дальше.

СТАНДАРТ 3.

В том числе, МЫ согласны с тем, что некачественно оформленные документы (договоры, заявки, акты и т.д.) НЕ должны подписываться, а некачественно выполненная работа должна оплачиваться пропорционально качеству ее выполнения, вплоть до того, что не оплачиваться совсем.

СТАНДАРТ 4.

Любое поручение, связанное с Клиентом, делается «день в день». Если это не возможно, то необходимо позвонить Клиенту и сообщить о том, что о нем помнят.

СТАНДАРТ 5.

МЫ понимаем, что полученная информация, если она важна для руководства или для других работников Компании, должна быть незамедлительно доведена до их сведения. МЫ знаем, что задержка передачи информации на один день - это опоздание, на два дня - утаивание.

СТАНДАРТ 6.

МЫ понимаем, что общая договоренность организует не только наше время, но и время наших коллег, а нарушение договоренности дезорганизует не только нас, но и наших коллег, которые в этом не виноваты. Поэтому, МЫ понимаем, что 10-00 - это 10-00, а не 10-15 или 11-00. В случае различных накладок МЫ всегда звоним и предупреждаем коллег заранее.

СТАНДАРТ 7.

МЫ всегда планируем свою работу и согласовываем свои планы с коллегами и руководством. МЫ знаем, что наша работа - это часть общей работы Компании, поэтому порученные нам задания, МЫ выполняем в намеченные сроки.

СТАНДАРТ 8.

МЫ не пропускаем собрания, которые созданы для обмена информацией и согласования планов, активно участвуем в их работе, высказываем свои мнения по обсуждаемым вопросам. МЫ знаем, что наше мнение обязательно будет учтено при принятии решения – однако необязательно, что окончательное решение будет совпадать с ним - и обижаться на это считаем неприличным.

СТАНДАРТ 9.

Для блага Компании, находясь в рабочее время вне офиса, МЫ сообщаем вышестоящему руководству и сотрудникам подразделения о своем местонахождении.

СТАНДАРТ 10.

МЫ знаем, что такое имитация деятельности. «Это, когда вместо того, что НАДО делать, сотрудник делает то, что хочет. Либо вместо того, что надо, делает другую, более приятную и ленивую работу. Или создает видимость рабочего процесса».
*МЫ **не** занимаемся имитацией деятельности, а если в нашей команде появляется такой сотрудник, то в скором времени нам придется с ним расстаться....*

Если Вы с согласны с вышеизложенными стандартами, Вы должны это подписать, а если не согласны - предложить обоснованное усовершенствование или покинуть Компанию.

Мир меняется очень быстро, а в сфере бизнеса – стремительно.
Для Компании это честная и конкурентная борьба – борьба за своего Потребителя. В условиях жесткой конкуренции многие компании, среди которых большие транснациональные корпорации, специализированные фирмы среднего размера, маленькие семейные магазины, обязаны принимать профессиональный вызов, что подразумевает лучший сервис, лучшее качество, и лучшее отношение к своим клиентам, партнерам и потребителям!
В этих условиях становится понятным желание первых руководителей видеть в своем сотруднике не рядового исполнителя. Успеха достигают те, кто не отказывается развиваться профессионально, те, кто проявляет инициативу и стремится к качественному исполнению своих обязанностей. Профессиональный рост это сложный, и кропотливый процесс, требующий терпения и умения взять на себя ответственность за качество проделанной работы. Такой же путь прошли и Ваши руководители, поэтому большим подспорьем может послужить то, что эти люди будут находиться рядом с Вами.
Не бойтесь трудностей, интересуйтесь, пробуйте, ищите, но главное не останавливайтесь на достигнутом…»

Это был фрагмент из Кодекса поведения, который воспитывает в ваших сотрудниках патриотические чувства к компании. Однако, здесь следует заметить, что основным патриотом, который задает правильный мотивационный темп являетесь вы – руководители. Именно вы готовите достойные кадры, проводите тренировки на наглядных примерах, вырабатываете план игры и обучаете всех своих игроков побеждать каждый день. Теперь поговорим об игровом моменте в нашей мотивационной системе. Итак, патриотические чувства мы привили, стандартам на наглядных игровых примерах обучили, теперь переходим к контролю знаний. Предлагаю эти элементы внедрить также в развлекательной форме. Для продавцов это будет с одной стороны познавательно, а с другой стороны поднимет их самооценку и боевое настроение.

Предлагаю провести профессиональный конкурс на выявление мастерства продажников, который можно означить, как «Лига Чемпионов продаж». Что это такое? Это соревнование продавцов в талантах, умениях, смекалке, находчивости и знаниях. Соревноваться участники будут в своем мастерстве эффективно продавать и грамотно обслуживать клиентов. В свою очередь данное мероприятие поможет продавцам раскрыть свои потенциалы, возможности и перспективы.

Механика конкурса

Задачи Чемпионата:

Определить, выделить и наградить лучших в профессии Продавец;
Оценить скрытые резервы и профессиональные потенциалы Продавцов;

Краткое описание чемпионата:

В течение одного дня участники (Продавцы) прошедшие предварительный отбор (в магазине), будут состязаться в умениях эффективно продавать, в точности демонстрировать свои ораторские способности, лидерские качества, навыки продуктивного ведения переговоров и борьбе со стрессовыми ситуациями.

Участники Чемпионата:

Продавцы торговой сети «…»

Жюри Чемпионата (возможный состав):

Руководитель розничного направления

Коммерческий директор
Начальник отдела маркетинга
Начальник Учебного Центра

Победитель Чемпионата получает (примерный пакет):
Диплом Чемпиона
В качестве возможных вариантов:
Два билета в аквапарк
Ужин в ресторане на двоих
Два билета в развлекательный центр
Интервью с участниками чемпионата также может быть опубликовано в корпоративном журнале компании. Также все полуфиналисты будут включены в кадровый резерв.

Ход Чемпионата:

Этап 1: Отборочный тур – Каждый магазин посовещавшись выбирает из своей команды – одного продавца, который и будет отстаивать честь своего магазина. Вместе с ним на конкурсе его поддерживает команда, которая также принимает опосредованное участие в конкурсах. Данные консолидирует Учебный центр. Всего активных участников – один продавец.

Этап 2: Основной тур – Участники решают ряд профессиональных задач. Каждая задача решается совместно со своей командой поддержки. На выполнение каждой задачи отводится определенное время, по истечении которого работа прекращается и результаты не принимаются.

Задача 1:
Разминочный тур – Участники в быстром темпе отвечают на 10 вопросов, относительно компании, ее административных правил.
После этой задачи никто из участников не отсеивается, все переходят ко второй задаче.

Задача 2:
«Позвольте представиться» - конкурс – самопрезентация, где оцениваются умения участников ярко и самобытно представить себя как профессионала и свою компанию. Это задание дается участникам за неделю до начала самого

конкурса. Таким образом, это креативная домашняя заготовка, реализацией которой могут быть песни, пляски, сценка и тд.

После этой задачи отсеиваются 3 участника с наименьшими баллами, далее чемпионат продолжают 7 продавцов.

Задача 3:
«Разреши конфликт добром» - ролевая игра, направленная на активизацию умений продавцов разрешать конфликтные ситуации и работать с «трудными» клиентами.

После этой задачи отсеиваются 3 участника с наименьшими баллами и в полуфинал выходят 4 продавца.

Задача 4:
«Продай меня» - конкурс – презентация товара, направленный на контроль презентационных навыков продавцов и их умений говорить на языке клиентов.

Этап 3: Финальное задание: два финалиста получают по одинаковому деловому кейсу – в кейсе спорная ситуация, на примере магазина – эту ситуацию необходимо разрешить, прописав на флип-чате шаги по нормализации положения.

Теперь распишем весь конкурс в виде сценария, как бы он проходил в режиме реального времени.

Время	***Цель***	***Описание***
9:00 – 9:05	*Приветствие гостей и участников*	*Здравствуйте гости и участники нашего Чемпионата! Мы рады приветствовать вас в этом зале! Все мы – сотрудники розничной сети компании «…». Наша компания существует на рынке уже более 15 лет и занимает лидирующие позиции в продажах компьютерной техники и периферии. Наша компания не раз удосуживалась различных наград, в том числе таких как ….* *И сегодня, мы решили, предоставить вам – нашим лучшим продавцам – возможность продемонстрировать ваши отличные навыки и*

		знания и побороться за титул «Лучшего из Лучших». Собрались мы все сегодня здесь для проведения Чемпионата профессионалов продаж. Это первый чемпионат подобного плана в нашей компании. Надеемся, что это станет нашей доброй традицией. *Все, что нас окружает подвластно человеку, все создается его руками, энергией, волей, фантазией, его умом. Мы собрались, что увидеть и по-возможности оценить ваши таланты, выдумку, творчество, мастерство и ораторские способности. Мы уверены, что во время проведения нашего чемпионаты мы все еще раз убедимся в том, что в современном мире успешен тот, кто умеет выгодно использовать свои знания и интеллектуальную собственность.* *На сегодняшний чемпионат для вас предусмотрены 4 задания, после каждого из которых будут выбивать участники, набравшие наименьшее количество баллов. А Лучший из Лучших получит главный приз сегодняшнего дня.*
9:05 – 9:10	*Представление жюри*	*Позвольте представить вам наше уважаемое и компетентное жюри:* *Руководитель розничного направления ....* *Коммерческий директор ....* *Начальник отдела маркетинга ....* *Начальник Учебного центра ....*
9:10 – 9:15	*Представление участников чемпионата*	*1.....* *2.....* *3.....*
9:20 – 9:40	*Разминка*	*Ну что друзья, сегодня нас ожидает насыщенный день. Давайте, перед тем как приступим к основным конкурсам сегодняшнего чемпионата проведем небольшую разминку. Помимо того, что мы немного активизируем наше серое вещество, каждый из вас сможет вырваться вперед ответив на большее количество вопросов! Принцип легкий: один ответ – один балл. Далее мы разделим ваши баллы на количество вопросов которое было, и умножим на 100, вот и вся математика – проще некуда! Чем больше ответов – тем больше баллов у вас. После разминки выбивать никто не будет. Итак начинаем*

		Список примерных вопросов для разминочного тура в Приложении 1.
9:40 – 10:20	*Основной этап: 1 задача*	*Ну, вот разминка закончилась. У нас уже определились первые лидеры. Поздравляем вас! Ну а остальным желаем не расслабляться... Всем успехов.* *Итак, наше первое конкурсное задание, называется оно «Позвольте представиться». Это конкурс-самопрезентация, где оцениваются ваши умения ярко и самобытно представить себя как профессионала и свою компанию. После этого задания у нас отсеются 4 участника – будьте собраны и внимательны!* *Сейчас с помощью жребия мы определим ваши порядковые номера участия. Для этого вам необходимо вытянуть бочонок из этого мешочка и вперед к победе!* *Итак, мы определись с тем, кто начинаем – просим на сцену и не забываем, что на этот конкурс у вас лимит времени – 3 минуты.* *Схема оценки участников в Приложении 2.*
10:20 – 10:30	*Выступление гостя*	*Итоги подведены ... в следующий тур проходят следующие участники... Поздравляем!* *Теперь хотелось бы вам представить гостя нашего сегодняшнего чемпионата. Это Иван..., Директор по продажам .... В нашей компании Иван уже работает более 7 лет, прошел весь путь от продавца до большого начальника. Мы попросили Ивана рассказать и поделиться с нами секретами его карьерного успеха. Просим...*
10:30 – 11:00	*Основной этап: 2 задача*	*Большое спасибо Ивану, ваш рассказ был очень интересен и познавателен. Ребята, мы уверены, что рассказ Ивана вас воодушевил и вы будете еще с большим рвением стремиться к успеху в нашей компании. А теперь мы продолжаем наш чемпионат, переходим к следующему конкурсному заданию. Наш второй конкурс называется «Разреши конфликт добром». В чем суть? Это ролевая игра, где оценивается степень вашего умения вести переговоры в разных ролях с разными типами клиентов. При этом ваша основная задача: сохранить имидж позитивного и*

		доброжелательного продавца. После этого конкурса у нас отсеиваются еще 3 участника, и в полуфинале оказываются 3 участника. Сейчас вы выбираете в случайном порядке себе ситуацию, которую вы должны будете разрешить, используя все ваше мастерство. На листочках, которые вы выберете себе, уже проставлен порядковый номер, под которым вы будете участвовать. Вам в помощь нужен член вашей команды поддержки, который будет играть роль раздраженного клиента. Кстати, «лучшему» клиенту, по мнению жюри, будет полагаться поощрительный приз. Итак, начинаем ... Возможные конфликтные ситуации в Приложении 3. Схема оценки участников в Приложении 4.
11:30 – 12:00	*Кофе - брейк*	*Результаты подведем после небольшого перерыва, а сейчас все приглашаются на кофе-брейк. Продолжение следует через 30 минут.*
12:00 – 12:30	*Основной этап: 3 задача*	*Мы рады всех вас снова видеть, надеемся, что вы отдохнули, посвежели и собрались с мыслями. Ну что же давайте подведем результаты. По итогам конкурса в следующий тур переходят следующие участники: ... Ребята поздравляем вас! Ну а остальным хотим сказать, все, что нас не убивает – делает сильнее. Теперь у вас есть стимул обучаться, оттачивать свои навыки, чтобы на следующий год доказать всем – что вы лучшие! Но давайте вернемся к нашему третьему конкурсному заданию – это предпоследнее задание – дальше только финал. Название задания следующее: «Продай меня». Здесь вам будет необходимо провести презентацию товара, который вам выпадет по жребию. В этом задании судьи будут обращать внимание на ваше знание товара, а также на умение говорить на языке клиента. Смотрим в карточки. У кого какой порядковый номер? Лимит на это задание – 3 минуты. Схема оценки участников в Приложении 5.*

12:30 – 12:40	*Выступление гостя*	*Да вы все просто молодцы, отлично справились с презентацией товара. Мы рады, что в наших магазинах работают такие креативные и умные ребята. Но, к сожалению мест в финале только два. Итак, наши результаты .... В финал выходят ..... Молодцы ребята!* *Да борьба у нас разгорается непростая, но давайте немного передохнем и у нас для вас снова сюрприз – в качестве гостя нас посетил ....., он расскажет нам про свои неординарные продажи и методику работы со сложными клиентами.*
12:40 – 13:10	*Финал*	*Итак, мы добрались до финала, поздравляем и желаем успеха нашим финалистам. Ребята суть финального задания такова: сейчас вы получите по одинаковому кейсу, в нем расписана сложная ситуация, которая приключилась с вашим магазином – вам необходимо эту ситуацию разрешить, написав на флип-чате шаги ваших действий, далее презентовать вашу антикризисную программу жюри и ответить на их вопросы. Если задание понятно – подходите за кейсами и начинаем готовиться. На подготовку вам выделяется по 10 минут, а презентацию программы вы должны уложить в пять минут. Удачи!* *Финальный кейс в Приложении 6* *Схема оценки участников в Приложении 7*
13:10 – 13:30	*Итоги*	*После решения данного кейса жюри выбирает Чемпиона – поздравляет его, вручает подарки и призы.*

Приложение 1.

Тестовые вопросы:

Назовите правильные ценовые коэффициенты стоимости дополнительных услуг?

Дополнительные услуги разрешено оказывать только на территории магазина?

Какой бонус приносит сделанная покупка обладателю карты лояльности?

Каким количеством накопленных бонусов можно оплатить стоимость товара?

Какие вопросы помогут вам получить больше информации о потребностях и желании клиента, на этапе выявления потребностей?
Какова оптимальная зона общения с клиентом?
Ваши действия если вам попался очень разговорчивый покупатель
По какому каналу передается и воспринимается информация, передаваемая посредством поз, жестов, тембра голоса, взгляда?
Каков смысл закона о выгоде?
Каков смысл закона щенка?
На какие качества презентуемого товара необходимо делать акцент, если перед вами ярко выраженный визуал?
Правило 4 плюсов на этапе установления контакта: Улыбка, имя, признание значимости….чего не хватает?
На каких этапах продажи озвучивание бренда компании получит больше внимания и лучше запомнится покупателем?
Какой товар клиент может вернуть в магазин?
Если клиент купил товар 1 марта, то до какого числа он может вернуть товар в магазин?

Приложение 2.

Схема оценки участника по конкурсу: «Позвольте представиться»:
Максимальный балл – 5
Минимальный балл - 1

Участник	Раскрыл ли тему?	Богатый ли словарный запас?	Насколько убедил слушателей?	Насколько структура речи удобна для восприятия?	Техника речи: темп, дикция, интонация, голос	Естественным ли было поведение оратора
1.						
2.						
3.						

Приложение 3.

Конфликтные ситуации для ролевых игр по конкурсу: «Разреши конфликт добром»:

Игровая ситуация 1:

Описание ситуации:
Вы клиент, который вчера приобрел компьютер в магазине «…», но он оказался после сервисного центра (мелкий ремонт). На следующий день, вы, разгневанный покупатель (спортивного вида) находите продавца, продавшего вам компьютер.

Стресс и причина для конфликта:
1 До вас как до клиента не донесли информацию о том, что компьютер не новый, а после сервиса

Примерный диалог:
В грубой форме:
- Ты, что мне ничего не сказал о том, что компьютер был в ремонте…

(Действия продавца по урегулированию конфликтной ситуации)

Игровая ситуация 2:

Описание ситуации:
Покупатель-женщина после длительного выбора монитора, пересмотрев и получив консультацию по всему модельному ряду, в негодовании, выбрав самый дешевый, задает продавцу ошеломляющий его вопрос:

- А что может этот монитор? - После любого ответа продавца вам должно показаться, что продавец разговаривает с вами в грубо форме и явно язвит.

Стресс и причина для конфликта:
1 Разозлило, что продавец попытался пошутить, что она восприняла, как оскорбление ее личности и ее умственных способностей.

Ваши варианты ответа для создания конфликтной ситуации:
- Вы мне здесь, не умничайте!
- Как вам не стыдно? Как вы со мной разговариваете? У вас, что совести совсем нет?

(Действия продавца по урегулированию конфликтной ситуации)

Игровая ситуация 3:

Описание ситуации:
Вы, разгневанный покупатель:

- Это, черт знает что! Один день! Всего единственный день! Я хочу сказать, что ноутбук, который вы мне продали проработал всего лишь один день. Чтобы это значило, не знаете?
Вы делаете паузу, но при попытке продавца что-то сказать, не даете ему сказать ни слова и продолжаете примерно вот такой монолог:

- Вы что, серьезно думаете, что мне больше нечего делать, как возиться с неисправным компьютером? Я сейчас теряю очень много времени. Давайте, делайте уже хоть что-нибудь, пока все не узнали о том, какой хлам вы продаете. Этот современный металлолом, эти молодые продавцы, которые ничего не знают…

(Действия продавца по урегулированию конфликтной ситуации)

Игровая ситуация 4:

Описание ситуации:
Покупатель показывает рукой на выбранный фотоаппарат, а продавец, все не может определить, какой же он хочет.

Стресс и причина для конфликта:
1 Покупатель раздражается несообразительностью продавца и создается конфликтная ситуация.

Примерный диалог:
- Дайте, пожалуйста, посмотреть вот тот фотоаппарат.
Продавец подает. Покупатель раздраженно отвечает:
- Нет, не тот. Ну что, вы прямо не знаю кто. Я ведь просил другой, который рядом.

(Действия продавца по урегулированию конфликтной ситуации)

Игровая ситуация 5:

Описание ситуации:
Покупатель пришел за ноутбуком, который, как оказалось уже продали. Хотя покупатель предупреждал о своем намерении его приобрести и просил поставить в резерв.

Стресс и причина для конфликта:
1 Отпросился специально с работы, чтобы приехать купить
2 Вечером в командировку и ему нужен ноутбук, именно такой модели – где теперь его искать.

Примерный монолог:
Здравствуйте, я пришел за ноутбуком, о котором мы вчера договаривались и вы поставили его в резерв за мной на один день.
- Как??? Вы его продали???
- Как это понимать? А где же ответственность перед клиентом? Что мне теперь делать? Я все запланировал, а вы…. Вы так всегда поступаете? !

(Действия продавца по урегулированию конфликтной ситуации)

Игровая ситуация 6:

Описание ситуации: Покупатель пришел по рекламной акции за телекоммуникационным оборудованием. Его не оказалось в наличии:

Стресс и причина для конфликта:
1 Отсутствие товара, хотя в рекламе написано, что товар есть в наличии.

Примерный монолог:
- Безобразие, Вы же известная Компания, если не у Вас, то тогда где же? Более того, в рекламе было четко указано: приходите, все есть, а сейчас я ничего не вижу. Как так?

(Действия продавца по урегулированию конфликтной ситуации)

Игровая ситуация 7

Описание ситуации: Женщина пришла в магазин для покупки готового решения. Недорогого.
Ее высказывания во время продажи: «Ах, какие хорошие цены. И продавцы молодцы – показали, объяснили, предложили. Моя долгожданная покупка!!! И доставка есть – вон сколько объявлений по всему залу!»

Стресс и причина для конфликта:
Именно сегодня нет доставки, а клиенту именно сегодня нужен товар
Магазин далеко от дороги и клиент тогда просит донести товар до места где она припарковала машину, но ей продавцы пытаются отказать, так как очень много клиентов в магазине.

Ситуация, после того как она оплатила покупку:

Покупатель: «Можно оформить доставку?»
Продавец: «Сегодня праздничный день доставки нет»
Покупатель: «Помогите тогда хотя бы донести до машины!»
Продавец: «Это не входит в наши обязанности»

(Действия продавца по урегулированию конфликтной ситуации)

Игровая ситуация 8

Описание ситуации: Клиент пришел возвращать принтер в воскресенье. В магазине отсутствует менеджер магазина. Сервис центр не работает. Клиент живет далеко от магазина. В рабочие дни работает клиент. Он может только в выходные приехать в магазин.
Стресс и причина для конфликта:
не работает сервис – еще раз ехать
вернут деньги только с разницей со стоимостью картриджа

Игровая ситуация 9:

Описание ситуации: Молодая семья перед поездкой на отдых решает приобрести видеокамеру. В магазине в отделе видеокамер огромный выбор, отличные цены, одна проблема – куда-то отлучился продавец этого отдела. Молодые уже в течение 15 минут пытаются привлечь к себе внимание проходящих мимо продавцов из других отделов:

Стресс и причина для конфликта:
1 ужасное обслуживание: много клиентов в магазине и тех консультанты просто к ним не подходят, как бы они не пытались привлечь их внимание.

К подошедшему продавцу примерно следующий монолог (возмущенным голосом, на повышенных тонах):
Почему у вас такое ужасное обслуживание ??? Я конечно понимаю, что у вас много клиентов в магазине, но ведь можно мне уделить хоть какое то внимание?
Вы знаете я уже около 15 минут пытаюсь с кем-нибудь поговорить, но все пробегают мимо, говоря, что заняты, либо они не из этого отдела. Вам что тут клиенты не нужны? Может мне уйти к вашим конкурентам?

(Действия продавца по урегулированию конфликтной ситуации)

Игровая ситуация 10:
Описание ситуации:
Клиент явно более технически подкован продавца и пришел не покупать, а поболтать. Вы начинаете вести долгие рассказы о преимуществе определённой марки, сравниваете с другими похуже, у продавца спрашиваете, а что лучше же и тп…..то есть покупать не собираетесь….тратите время продавца. Как только он этой поймет и захочет вас отшить…….Вы начинаете громко возмущаться, что и вы клиент так же – и хотите, чтобы продавец ответил на все ваши вопросы

(Действия продавца по урегулированию конфликтной ситуации)

Игровая ситуация 11:
Описание ситуации:
Клиент покупает товар по акции, к которому, в случае покупки положен дополнительный лот. (купи ноутбук и получи мышку в подарок). После

оформления товара, оплаты, клиент спрашивает о мышке, на что ему отвечают, что, к сожалению мышки закончились. Все это приводит в ярость клиента.

Стресс и причина для конфликта:
1Отсутствие подарка
2 не уведомили об этом еще до продажи
3 испорченное настроение
4 разочарование от магазина

(Действия продавца по урегулированию конфликтной ситуации)

Игровая ситуация 12:
Описание ситуации:
Юр лицо покупает товар по безналичному расчету. Через несколько дней, после оплаты они приходят за товаром, но произошла какая то ошибка – и их товар был продан другим клиентам. Больше аналога нет нигде в городе. Ближайшая поставка через месяц. Клиенту товар нужен срочно. Сумма покупки огромная…..клиент требует возврата денег!

- Вот, мне говорили, что с вами нельзя связываться. Я требую срочного возврата наших денег!
(Действия продавца по урегулированию конфликтной ситуации)

Игровая ситуация 13:
Описание ситуации:

Продан последний дорогой ноутбук клиенту. Но как назло, он оказался бракованным, и клиент приносит его назад. Деталей нет и обещают запасные детали только через месяц. Клинт ужасно возмущен: ему в командировку….Тот ноутбук, который ему предложили в сервисе из подменного фонда его не устраивает, так как он деловой человек и на важные встречи с клиентами он не может ездить с дешевым и старым ноутбуком.

- Он приходит в магазин к продавцу, который ему продал ноутбук ужасно возмущенный:….Вот ничего не знаю….гони мои деньги, забирай тот ноутбук себе…..

(Действия продавца по урегулированию конфликтной ситуации)

Схема оценки участников по конкурсу «Разреши конфликт добром»

Приложение 4.

Схема оценки участника по конкурсу: «Позвольте представиться»:
Максимальный балл – 5
Минимальный балл – 1

Участник	Сохранил ли спокойствие?	Выслушал ли клиента?	Принял ли позицию клиента?	Выяснил ли причины конфликта	Был ли конструктивен?	Спорил ли?	Разрешил ли проблему?	Сохранил ли лояльности клиента?
1.								
2.								
3.								

Приложение 5.

Схема оценки участника по конкурсу: «Продай меня»:
Максимальный балл – 5
Минимальный балл - 1

Участник	Говорил ли на языке клиента?	Преподносил ли выгоды, которые важны	Излучал ли уверенность в себе и в презентуемом	Предложил ли сопутствующие товары?	Вам захотелось купить товар?
1.					
2.					
3.					

Приложение 6.

Бизнес-кейс для финалистов:

В магазине катастрофически падают продажи, вроде бы все идет как всегда - разносторонняя реклама, сотрудники работают, клиенты заходят, но, тем не менее, доходы уменьшаются, настроение персонала падает.
Вы – Менеджер магазина, ответственный, как перед собственниками Компании за количественные и качественные показатели работы, так и перед своей командой за создание позитивных отношений и отличного рабочего настроя. Но в последнее время, Вы замечаете, что настроение команды падает и сотрудники верят в «светлое будущее» магазина с трудом. Вас это огорчает, поскольку команда действительно сильная и потерять ее будет большим уроном не только для Вашего магазина, но и для Компании в целом. То есть допустить этого нельзя.

На Ваш взгляд, какие действия, Вы как Менеджер магазина должны и можете предпринять, что бы исправить ситуацию:
Возродить в своей команде боевой дух
Увеличить продажи
Поднять магазин на новый более высокий качественный уровень

Напишите, пожалуйста, алгоритм Ваших действий, что и в какой последовательности будет Вами осуществляться, с помощью каких дополнительных людей и средств.

Приложение 7.

Схема оценки участника по финальному кейсу:
Максимальный балл – 5
Минимальный балл - 1

Участник	Был ли убедителен в своих превентивных мерах?	Охватил ли все заявленные проблемные участки превентивным	Был ли уверен в своих словах и принятых мерах?	Смог ли заразить своим энтузиазмом присутствующих
1.				
2.				

Kolibri 360 GmbH
Ferdinand-Jühlke-Straße 7
99095 Erfurt, Deutschland
produktsicherheit@kolibri360.de

Druck:
CPI Druckdienstleistungen GmbH
im Auftrag der
Kolibri 360 GmbH
Ferdinand-Jühlke-Str. 7
99095 Erfurt